WAC BUNKO

古事記の読み方

渡部昇一

WAC

古事記の読み方

●目次

装幀／須川貴弘（WAC装幀室）

本書は、平成二十四年に小社より刊行した『渡部昇一の古事記』を改題し、WAC BUNKO化したものです。

第1章

国産《くにう》み神話にみる「男と女」の関係

——伊邪那岐《いざなぎ》・伊邪那美《いざなみ》が教える禁忌《きんき》と勧奨《かんしょう》

あるキャリア・ウーマンの選択

某誌で座談会をした時のことである。相手は、職業婦人《キャリア・ウーマン》の立場を代表する方であった。その女性は某国立大学を出て日本の代表的な大企業に勤務し相当の地位まで昇られた方と聞いていたので、中性的な人ではないかと想像していたのであるが、実際は平均以上に女性らしい方であったので、ちょっと、意外な思いをした。もっとも彼女は結婚して退職をしているので、正確に言えばキャリア・ウーマンではなく、そうであった人ということになる。

いろいろ話しているうちに、当然のことながら私は、なぜ彼女が福祉的配慮の厚いことで有名な大企業をやめて結婚生活に入ったのかわからなくなった。はじめから腰掛けのつもりで入社し、花の香がうつろわぬうちに結婚生活に入る女性が多いのは別に不思議でも何でもないのだが、彼女の場合は、誰もが羨《うらや》むコースに乗っかっていたのである。多少失礼とは思いながらも、同座の機会に、その個人的理由を訊《たず》ねてみたくなったとしてもやむをえないであろう。速記録からのちに削られた部分の趣旨を再現すれば、おおよそ次のようになる。

彼女は前にも一度結婚したのである。しかし一流大学卒の男と肩を並べて出世街道をあゆんでいた女性にとって、職業と家庭を両立させることが至難のわざであることに気付くには、大した時間はかからなかった。夫は索莫《さくばく》たる家庭生活に不満で外でほかの女の子とできたらしいというので、彼女のほうもそれに見合った報復行為を気がすすまないのにやってみた。というようなことで離婚が成立した。

今度の結婚は二度目である。しかも夫はだいぶ年下である。そして同じ企業体の配置から言うと、地位は夫が下ということになる。彼女は結婚に入る前に考えに考え、悩みに悩んで、ついに退職に踏み切った、みんなに惜しまれながら。彼女は言った。

「私だってやめたくはなかったのです。折角《せっかく》きずいた地位だし、収入も悪くなかったし。しかし仕事を持っているために、二度目も離婚で終わるようなことにはなりたくなかったのです」と。

そこまで聞いたとき、ほとんど衝動的に失礼な質問が口から飛び出てしまった。

「若い御主人と同じ職場で、貴女のほうが地位が上だったら、いざという時に彼のものが立たないんでしょう」と。

するると彼女はさっと顔をあからめながらも、別に気を悪くしたふうでもなく、「そうなのよ」と答えたのである。彼女は頭がよく、しかも正直だったので、問題の本質をごまかすことなくわかったのであろう。そしてキャリアよりも女性としての幸福を選んだということになる。「よくある平凡な図式だ」と嗤《わら》うなかれ。このような一見平凡な選択がむしろ非凡になりつつある世の姿なのであるから。

先祖からの「遺言《ゆいごん》」としての神話

神話には禁忌《きんき》がある。神話と言っても、その神話を承《う》け継いでいる民族が滅んでしまえば単なる神話になる。われわれがギリシャ神話とか、ローマ神話と呼ぶものがそれである。民族が滅ばなくても完全に改宗してしまえば事情は同じようなものになる。ゲルマン神話などがそれである。もっともこの場合、民族が残っているので、古い神話の名残《なご》りが、民俗やら迷信やら、農耕習慣のなかに残っている。しかし元になる神話世界が滅んでいるので禁忌は強くない。

ところが神話が活力を持っている場合がある。この場合は神話は単なる神話でなくて、宗教上の「聖典」である。この場合は強い禁忌が働く。ユダヤ教やマホメット教がそうであるし、多くの土俗《どぞく》宗教もそうである。こうした場合の禁忌は宗教上の命令であるが、はた目にはナンセンスのように思われる禁忌も、よく考えてみると古代の英知だったと思われるものも少なくない。一例を挙《あ》げてみよう。

ユダヤ人は豚を食べない。回教徒もそうらしい。つまり豚を食べることは彼らには禁忌である。私は久しくその理由がわからなかった。ドイツ人は一般に豚は牛よりはるかに美《う》味《ま》いと思っているし、シナ料理のメニューを見ても、シナ人には牛よりは豚のほうが美味いと考えられていることが明瞭である。それなのにユダヤ人は、なぜこんなに美味《おい》しいものを禁忌としているのだろうか。生き物は一切食べないというのなら、またそれはそれでわかるが、豚だけを別格に扱うのはなぜだろうか。ユダヤ人や回教徒はそれを掟《おきて》として受け取っているので、その理由を問題としないだろうが、われわれにはおかしなことのように思われる。ユダヤ人は古来多くの賢人を出しているのだから、それに疑問を起こす者はなかったのだろうか。

こうした私の疑問は、アメリカで同僚だった史学の教授が、いとも簡単に説明してくれた。

「それは豚の肉は羊の肉よりははるかに美味しいうえに、豚の食べるものと人間の食べるものが一致するからよくないのです」

「どうしてそれがよくないのですか」

「権力者が出れば必ず美味《うま》いものを食べるでしょう。そして豚が美味いということになれば豚を飼いだすにきまっています。その豚を太らすためには人間の食べるものが与えられます。しかし草原は元来食べるものが不足しているのですから、人間の食べるものが豚にとられれば、その分だけの人間が餓死します。だから豚を食べるのを禁じたのです」
「羊肉はかまわないわけですか」
「羊は草しか食べませんし、人間は草を食べません。だから羊が人間の食べ物を奪うことになることはないのです」

この答で私は十分納得した。この説明を私に与えてくれた人はユダヤ人でもなく、いわんやラビでもなかったから、これが正しい説明だとユダヤ人の間に認められているかどうか知らない。おそらくユダヤ教徒や回教徒にとっては、それは神の掟なのであるから、理性に訴えて理解することなどは必要ないのかもしれない。

しかしこの放牧民の豚肉禁忌は、われわれの常識から言っても非常に深い知恵を含んでいるように思われる。

では、われわれ日本の神話はどうであろうか。日本の神話は、ギリシャ神話やローマ神話のような滅亡した民族の神話でもなく、すっかり改宗したゲルマン人のような民族の神話でもないし、また、ユダヤ教や回教のような強烈な教典でもない。だいたい『古事記』に出てくる話を神話と呼ぶことが許されていること自体、そのことを示している。「旧約神話」などとユダヤ人やキリスト教は言いはしない。さりとてギリシャ神話のような単なる神話でもない。まあ言ってみれば、「先祖の遺言《ゆいごん》」と言ったものに近いであろうか。「遺言」には多分に禁忌的要素がある。酒で身代《しんだい》を潰《つぶ》した人の遺言には、「酒を飲むな」というようなことが書かれるであろう。人に騙《だま》されて財産を失った人の遺言には、「人の口車に乗せられるな」などと書かれるであろう。またよく働いて成功した人は、自分の子孫にも、よく働くことを勧《すす》めるであろう。これは禁忌の反対の勧奨《かんしょう》である。

『古事記』をわれわれの先祖の遺言として見てみると、そこには多くの禁忌や勧奨が含まれているようだ。ただ数百年、数千年にわたって口頭で伝わったものを、八世紀になってようやく文字に書き留めたのであるから、禁忌や勧奨もそれほど露骨でない。「俺は酒を飲んで財産を潰したからお前は飲むな」などという単純なものでなく、もっとふんわりとした物語になっている。

しかし遺言は遺言である。禁忌と勧奨はそこに厳存し、その英知の深さにおいては、ユダヤ教や回教の豚肉禁忌にも劣らないものもあるように思われるのである。

『旧約聖書』と『古事記』との決定的な違い

『古事記』によると、日本の最初の神様は天之御中主神《あめのみなかぬしのかみ》であり、それからずっと数代にわたって独神《ひとりがみ》だけである。「独神」というのは男神でも女神でもない神様ということで、神話で活躍するということはない。神話で活躍なさる最初の男女の神様は、伊邪那岐命《いざなぎのみこと》と伊邪《いざ》那美命《なみのみこと》である。この二柱の神々が、最初に夫婦の行為をなされた時のことを、日本教の『旧約聖書』とも呼ぶべき『古事記』は、次のように記述している。

「そこで伊邪那岐命（男）が御妃神の伊邪那美命（女）に、『あなたの体はどんな形にできていますか』とお問いになると、『私の体はなり合わぬ所が一ところあるようにできています』とお答えになった。そこで男神が仰《おお》せられるには、『私の体は、なり余ったところが一ところあるようにできている。で、私のなり余ったところを、あなたのなり合わぬ所にさしふさいで国土を産もうと思うがそれはどうでしょうか』と言われると、女神は『それは結構でしょう』と申された。そこで伊邪那岐命は、『それならば、私とあなたと、この天《あめ》の御柱《みはしら》を廻って、夫婦の道を行ないましょう』と仰せられた。こうして約束なされてなお仰せられるには、『それでは、あなたは右からお廻りなさい。私は左から廻ろう』と約束されて、天の御柱をお廻りになる時に、伊邪那美命がまず、『ああ美しい、いい男よ』と仰せられ、後に伊邪那岐命が、『ああ美しい、いい女よ』と仰せられた。二神がこう仰せられた後に、男神が女神に、『女が先に言ったのはよろしくない』と仰せられた。けれども、隠れた所で御夫婦の交わりをなされて、御子《みこ》の水蛭子《ひるこ》をお産みになった。この御子は葦《あし》の葉で作った船に入れて流し捨てられた。次に淡島《あわしま》をお産みになった。これも御子の中には数えない」

これがいわゆる「国産《くにう》み」の物語なのであるが、ここにまず明瞭に現れてくるのは、「男女の相補《そうほ》原理」である。男神の体の一部に突出部があり、女神の体の一部に陥欠部があり、これを相補することによって、国が生ずるという思想である。わかりやすいたとえで言えば、鍵と錠のような関係が男女の間に成り立つのであって、二つがセットとしてはじめて物の用に立つので、どちらか一方だけでは国は生じない、という考え方である。

「そんなことは生物学的に当たり前だ」という人もあるだろうが、他の国の神話を見れば、それほど当たり前でもないことがわかる。

たとえばユダヤ人にとって、アダムは神の直接の創造であるが、イブはアダムの肋骨《ろっこつ》から作られたことになっている。しかもアダムが一人でさびしそうにしていたので神様が、アダムを「慰める者」としてイブを作ったと書いてあるのである。これはとりもなおさず、男女の関係において、男性の絶対優位と女性の絶対従属が、神話（あるいは神典）によって確定されたことを意味するにほかならない。それは日本における男女の相補原理とは決定的に違ったものである。そして日本神話のように生物学的に明快に相補性を説いた神話は、それを神典として受け取った子孫たちの人間観に重大な影響を及ぼさずにはおかないであろう。

日本に悪虐《あくぎやく》な皇后や女官が登場しない理由

日本が掛け値なしに世界に誇ることができる重大なるものの一つは、疑いもなく、平安朝の女性文化である。紫式部《むらさきしきぶ》の『源氏物語』が世界の最初の小説であるとともに、最大の小説の一つであることは世界中が認めることである。文化的には先進国と言われるシナ大陸でも、小説の出現は日本より数百年遅いのである。西洋も同じことである。

しかもこれが単発現象でないことが見過ごしがたいところである。同時代の清少納言《せいしょうなごん》は近代的センスのあるエッセイを書いているが、当時まで、こんな女性は地上に現れたことがないと言ってよかろう。そのほか勅撰《ちょくせん》集に名をとどめたり、物語を残している古代日本女性の数は驚くべきものであって、近代になるまで他国に例を見ないところである。そしてこれは、日本神話の示した女性観に関係があると思う。

『古事記』が明瞭に言っていることは、「男女の区別は肉体的理由による」というのであって、女は卑《いや》しいだとか、頭が悪いだとかを暗示するようなことは何一つ言っていないのである。そういうのは大陸からやってきた外来思想なのであろう。こういう前提がなければ、

『万葉集』以来、常に女流歌人が活躍し、女性が文化的に男とほぼ対等にやってきたという現象が、説明されるはずはないのである。

そしてこれこそ最近の女性論の極点なのである。私が二十年ほど前、イギリスに留学していた頃、しきりに「男と女の違いは肉体的《フィズカル》なものだけで、知力は平等である」と主張する女性の話を聞いたことがあった。当時の私は、素朴にイギリスを先進国と考えていたのであるが、この話を聞いた時は、「女性観だけは先進国のイギリスでも、今頃になって日本の『古事記』にようやく追い付いたな」などと思って、内心はなはだ愉快だったことを思い出す。

古代においては、ピストルなんかがあるわけはないので、体力の差が絶対であり、その点、男女の差も絶対であった。女はいくら卑しめられてもおかしくないところである。事実、ユダヤ・キリスト教も、仏教も、儒教も、ギリシャ哲学も、男女に明白な価値の差を置いているのであって、それと併置して考える時、『古事記』は異質なまでに近代的なのである。そのせいか、日本の宮廷を見ても、悪虐《あくぎゃく》な皇后や、悪辣《あくらつ》な女官の例が絶無と言ってよいのであって、これもシナや西洋の歴史を読んだ者にとっては嬉《うれ》しい驚異である。これもやはり女を低く見る後宮《こうきゅう》やハレムがなかったことに関係があろう。そういう文化的にも乾上がり、女性が牝獣のごとく扱われているところでは、物凄い皇后などが出てきてもおかしくない。それに反して相補性原理の支配する日本の宮廷において、女性はむしろそのよき特性を発揮するようになったのである。

夫婦関係で女性がイニシャティブを取るとどうなるか

伊邪那岐命と伊邪那美命はたしかに相補性を持ったものとして描《えが》かれている。しかし、今日風の男女同権かと言えば、はっきり違うのである。先ほどの『古事記』からの引用を見てほしい。天の御柱をお廻りになってお互いに声をかけて夫婦の交わりに「いざなう」言葉をかけた時（この二柱の御名前は「誘《いざな》う」に関係があるという語源説がある）、女神が最初に口を切ったのである。その結果は大変よくなかった。生まれた子供は、水蛭子《ひるこ》だったというのだから。

お二人の神々の意図は、堅固な国（島）を産もうということだったのに、生まれたのは水蛭子である。水蛭子という意味は、おそらく、ぐにゃぐにゃして島にならなかったものを指すのであろう。つまり物にならなかったのである。男女両神が美斗能麻具波比《みとのまぐはひ》を行われて、国産みしようとなされたのに、ちゃんとした国が生まれないというのでは一大事である。そこでどうしたらよいか、ということになる。『古事記』には次のような記述が続いている。

「ここに伊邪那岐、伊邪那美の二神が御相談をなさって、『今、われわれの産んだ御子《みこ》はよろしくない。もう一度、天つ神の御許《みもと》に参って申し上げよう』と御一緒に天上にお還《かえ》りになって、天つ神の御命令をお受けになった。そこで天つ神の御命令で、占《うらない》をして仰せられるには、『女が先に言ったのでよろしくないのだ。また下《くだ》って行って、改めて言い換えるがよい』と仰せられた」と。

最初の夫婦の交わりからできた子が、まともなものにならなかったのは、つまり、国を産み出すという目的が達成できなかったのは、女神のほうから言葉を発したからだと言うのである。別の言葉で言えば、夫婦関係において女がイニシャティブを取るのは凶事《まがごと》であるという禁忌なのである。これはさらに、次のような象徴的な意味がこめられていたと解釈することも許されるかもしれない。

女神がイニシャティブを取った美斗能麻具波比の結果として、ぐにゃぐにゃとして形をなさない水蛭子のようなものが生まれたということは、性交それ自体の不全の意味である。つまり男神のペニスが不全の状態、つまりぐにゃぐにゃだったので、その時の媾合《こうごう》の結果もぐにゃぐにゃだったということなのであろう。古代の考え方としては、ありそうなことである。したがって水蛭子の話は、女性のイニシャティブは「萎《な》えマラ」を作るということになる。

ここまで来ると、この話のはじめに挙げた元キャリア・ウーマンだった女性のことを思い出さずにはいられない。彼女は二度目の結婚相手の男性よりも同一企業体の上役になってしまうので、男の一物が立たなくなるという問題に直面したのであった。つまり女性のイニシャティブがあるところでは陰萎《いんい》の問題が起こるということなのである。

昔の女性たちは男の面目というものを絶えず重んじてやったものである。男より頭のよい女性や指導力のある女性も多くいたかもしれない。しかし彼女らはいつでも男には威張らせておくような配慮をした。実際に男を動かしているのは女性の場合でも、男には自分がリーダーシップを持っているように思いこませるだけの知恵を持つのが、聡明な女性の条件であった。これは神代《じんだい》の禁忌に連《つら》なるものであったろう。男を立ててやらなければ、男の一物も立たないという神代以来の現実なのである。

男性、女性、両者にとっての不幸

この日本の神代の禁忌を理解したうえで世の中を見ると、女権運動の意義に対しても、その限界に対しても、ある種のヒントを得ることができよう。男女同権思想は、元来、女性が原理的に卑しめられていた欧米に起こったものである。そして結局は女性が社会においても、男同様にイニシャティブを取ろうということに帰着するであろう。そして男女の関係においても、女がイニシャティブを取る場合が増加してきている。

育児法の本で有名なスポック博士は、元来は「進歩的」な思想の人だったのだが、その後に出した本では、ほとんど「反動的」といってもよい態度を示すに至っているが、スポック博士を「改心」させたのは、どうもこういうところにあるらしい。彼はすぐれた精神分析学者であるから、この面におけるアメリカの危機を看取《かんしゅ》したらしいのである。彼の言っていることの要旨を簡単に言えば、次のようになる。

アメリカの社会では、近ごろ子供の時から、男女を性によって差別せず、男も女も平等に競争するように仕向けてきている。すでに成人になっている男の場合はまだよいとしても、男性的競争型の母親は男の子のエゴを挫《くじ》き、女の子をさらに競争的に仕上げる。したがって今日観察されるところでは、公《パブリック》の場所でも、半分公《セミパブリック》の場所においても、デートをしている男女のうち、イニシャティブを取っているのは大抵女子学生のほうである。多少、美《ハン》貌《サム》な男子高校生や男子大学生は、ろくに知り合いでもない女子学生からの積極的アプローチを示す電話が多いので悩まされている。スポック博士がこのような観察について大学で講演すると、男子学生側から、「まったくそれで弱っているんだ」という強い共感を得ているという。

これは女神伊邪那美命が、まず「阿那邇夜志愛袁登古袁《あなによしえをとこを》」（ああ美しい、いい男よ）と言った状況とまったく同じではないか。『古事記』ではこのために男神の陰萎が起こり、水蛭子しかできなかったことになるのだが、スポック博士は、男がイニシャティブを取って女を追いかけるような状況がなければ、男としての威厳感が大幅に損《そこ》なわれ、長い目で見てそれは両性の不幸になる、と断言している。「男の威厳感が大幅に損なわれる」ということは、精神分析学的な婉曲《えんきょく》表現であって、はっきり言えば、太く逞《たくま》しい勃起《ぼっき》が得られなくなることであると言ってよい。

大八島《おおやしま》の誕生

そこで再び夫婦の交わりをやり直そうとした伊邪那岐、伊邪那美の両神はどのようであったか。われらの先祖の神典は、次のように伝えてくれている。

「そこでまた天上からお降りになって、再び例の天《あめ》の御柱《みはしら》を以前のようにお廻りになった。さて男神がまず、『ああ美しい、いい女よ』と仰せられ、後に女神が、『ああ美しい、いい男よ』と仰せられた。このように言い終わられて御夫婦の交わりをなされて、御子の淡道《あわじ》之穂之狭別《のほのさわけ》の島をお産みになった。次に伊予之二名《いよのふたな》の島をお産みになった……さて、この八つの島は、まずはじめにお産みになった国であるから、これを大八島国《おおやしまぐに》と言う」と。

今度は男神がイニシャティブをお取りになり、まず「阿那邇夜志愛袁登売袁《あなによしえをとめを》」とおっしゃったのである。

そうしたら健全な子供（島々）が生まれ、それが大八島《おおやしま》、つまり日本列島になったのだというのである。男女の関係において、女が主導権《イニシャティブ》を取ることが古代における禁忌であり、凶事《まがごと》であったのはこれからも明らかである。これが古代日本人が健全な子孫を残すために子孫に与えた知恵であった。これを破ればたちまちに水蛭子になるというのである。

ユダヤ教や回教の豚肉禁忌とどちらが賢明であろうかという比較はどうでもよいことだが、日本の神話のほうが現代の世界に対して新鮮な意味を提示しているように思われる。

女権運動は、なぜプロテスタント圏から生まれたか

反論はもちろん予期されるところである。男女同権・男女平等ということが言われるのに、女がイニシャティブを取ることが凶であるような神話はけしからん、ということになるだろう。男女同権・男女平等それ自体が現代の神話だという人もいるかもしれないが、

常識から言えば、男と女が同じように取り扱われるべきだという主張自体が奇妙なことである。

トイレに男女の別があり、産科医や婦人科医はあるが、それに相当するものが男のためにはないではないか、という主張をアメリカのウーマン・リブに対する反論として読んだことがあるが、生理的には明らかに男女は不平等なのである。

それにもかかわらず、男女平等論が強く出てきたのは、男女の不平等を、優劣差に簡単に置き換えた文化圏において、反動として起こってきたと言える面が、少なくないはずである。男性優位を教義とするユダヤ・キリスト教でも、聖母マリアの崇拝やら、女性の聖人の崇拝の慣習を持ち、女子修道会やら、その経営する女子大学などを多く持つカトリックにおいて過激な女性解放運動は発生せず、聖母マリア崇拝や女子の聖人を持たず、女子大学長をほとんど持たぬプロテスタント文化を地盤にして、女権運動が伸びてきたことは注目すべきことである。

日本においては男女の関係は相補性で理解されたため、古代の女子の地位は決して低くなかった。西洋ではカトリックが聖母崇拝を通じて男女の相補性を前提とするようになった。プロテスタントはキリスト（男性）しか認めないから、男女の相補性原理は認識されがたい。この相補性を認めることなく人間の権利を考えれば、行きつくところは、男女の絶対的平等の外はない。男女の絶対的平等ということは、とりもなおさず不当平等であるという考え方は耳に入りにくくなるのだ。

ここでもう一度『古事記』に英知を求めてみよう。水蛭子が生まれたので、天《あま》つ神に相談したところ、「太占に《ふとまに》」(布斗麻邇爾)占って、「女がイニシャティブを取ってはいけない」という裁断が下された、とある。太占がどんな占いであるか知らないが、それは単に天つ神の意見というのではなく、「運命」だと言っていることになるのだ。男に生まれるか、女に生まれるかは、天つ神だってどうしようもない運命なのであって、男女の交わりにおいては、男がイニシャティブを取るのも運命なのだ、ということである。

「解剖学的な人体の構造差は運命である」と言って大きな問題になったのは、現代アメリカの代表的精神分析学者エリック・エリクソンであるが、彼はその論文集においても持論を繰り返している。これはスポック博士の考える方向とも一致している。

男女の絶対平等がとりもなおさず不当平等に導くとすれば、男女間には正当平等というものはありえないのか、という問題になる。その解答はどうも『古事記』にある男女の相補性原理以外にはないように思われる。相補性を越えた途端に、神話時代の日本でも健全な〝国産み〟ができなくなったし、現代アメリカにおいても「男の威厳感が大幅に損《そこ》なわれる」ことによって、男も女もともに、苦労しているらしいのである。

しかし宗教的禁忌の意味は、非常に長い時間を経《へ》ないと意味がわからないのが常である。したがって女のイニシャティブを進めることが、とりもなおさず開明的・進歩的なことと考えられるという風潮も当分続くであろう。ただ英知ある男女のみが、神典の禁忌に従って充実した生活を享受していくのではあるまいか。

第2章

「さかしら」な女と「貞節」な女

――イブと伊邪那美における「服従」と「不服従」奨

カトリックにおける聖母マリアの独特の位置

神様は大きく分けると二種類になる、ということは、よく知られるようになってきた。その一つは、神と人間との距離が無限大であるような神話(あるいは信仰)である。いわゆる一神教では創造する者と、創造されるものとの関係が絶対的であり、その間には断絶があって繋《つな》がっていない。ユダヤ教、キリスト教、回教などがそれに当たる。

ただキリスト教でもカトリックのほうには聖母マリアがあって、神の子(ロゴス)に人間の肉体を与えたことになっている。マリアは完全な人間であるが、同時に神の母でもあるということで、ほかの一神教にはない特別な地位を占めている。それで聖母マリアを研究する神学の一分野があって、それをマリオロジーという。

創造主と被造物の中間に位置するような感じのする聖母マリアを崇敬することを、プロテスタントは嫌うわけだが、禅の鈴木大拙《すずきだいせつ》師などは、「マリアはキリスト教の悲母観世音《ひぼかんぜおん》菩薩《ぼさつ》だ」と言って好意を寄せておられたということを、鈴木重信氏から聞いたことがある。大拙先生のマリア解釈が当たっているか否《いな》かは別として、聖母の存在が神と人間との間を温かく繋ぐものという感じを与えていることはたしかであろう。

事実、日本のキリシタンは長い迫害の時代に、聖母マリア像を観音像に見せかけて幕府の目を逃れていた。マリア観音がそれである。

慶応元年（一八六五年）に二百数十年ぶりにカトリックの宣教師が長崎に天主堂を建てた時に、そこに十数人の老若男女が参観に来た。様子がほかの人たちと違うので、プティジャン神父が堂のなかにその人たちを招じ入れたところ、そのうちの三人の六十歳ぐらいの老婆が、神父のそばに近寄ってきて、壁にも耳があるかと心配するような小声で、「ここに居《お》る者たちはみな同じ信仰の者です」という。

西洋のほうでは日本のキリシタンは島原の乱のあとにとっくに絶滅したことになっていたから、プティジャン神父は胆を潰《つぶ》さんばかりに驚いた。そう言ってからその婦人たちはすぐに「サンタ・マリアのお像はどこ？」と聞いた。神父がその像を示すと、一同の者はただならぬ喜びの色を示し、はじめて心を打ち明けて語り出したという。

この人たちは、実はそれより数年前に外国人居留地内に建てられたプロテスタントの教会をも訪ねたことがあったのである。建物の上の十字架を見て同信の人たちと思ったのであった。しかしそこにはサンタ・マリア像はなく、バテレンだと思った人には奥さんがいる、つまり聖堂のなかには探し求めていたマドンナの像がなく、生きたマドンナが牧師館にいたのでびっくりしてしまったのである。ところが今度の天主堂にはサンタ・マリア像があるので安心もし、喜びもしたのである。

長崎のキリシタンの再発見ということは、日本ではカトリックの人以外にはほとんど関心のないこととして話題になることも稀《まれ》であるが、日本の外から見るとそれは大変な事件なのである。ともかく日本のキリシタン迫害ほど、長期にわたり、しかも残酷になされたものは他国に例がなく、日本のそれにくらべれば暴帝ネロのそれでも問題にならない。それにもかかわらず、その生き残りの子孫の者は信仰を保持しつづけ、二世紀以上も経ってから再び地表に出てきたので、宗派問題抜きに感激的な話である。そしてその際の決め手になったのが聖母マリア像だったことは、カトリックとプロテスタントの相違を最も端的に示すものである。

カトリックの聖母マリア崇拝は、カトリック以外の人たちにはしばしば誤解を生んでいる。たとえば和辻哲郎《わつじてつろう》博士（全集七巻133―134ページ）は、次のように言っておられる。

「この歴史的人物マリアは……ついにはキリスト者の『大いなる主神マリア』となった。旧教諸地方の民間信仰においては、聖母マリアは現前に世界を支配する大いなる母神である……この慈愛深き女神の信ぜられる民間信仰においては、父なる神もまたイエス・キリストも全然うしろに退《しりぞ》いている。キリストとは聖母がその腕に抱いている彼女の子供である……ここではもはやキリストが信仰の中心ではなく、キリストをもその付属物とするところの聖母マリアが信仰の中心なのである……カトリックの教会では父なる神への祈りよりも聖母マリアへの祈りの方がはるかに優勢である。のみならず聖母の神的誕生が数少ないカトリック教会の信条の内にさえ教え込まれている」(傍点原著者)

ここに書いてあることは全部間違っていると言ってよい。マリアへの崇敬は決して「民間信仰」などではなく、ローマ教皇でも、ノーベル賞の科学者でも、農婦でも神学教授でも同じことであり、数億のカトリック信者のうちの誰一人として「主神マリア」などと考えている人はいない。しかしいまから半世紀も前に出された本を批判してもはじまらないから、これ以上は言わないが、聖母マリアが一神教の神と人間という絶対的な距離のなかにおいて、人間のための代禱者(Santa Maria, ora pro nobis!)の地位を持っていることは注目に値する。

日本の神話とゲルマン神話の共通点

神様と人間の間に絶対的距離を置くユダヤ・回教的一神教に対して、神様と人間が血で連《つら》なっている宗教がある。これが日本の神話とか、ゲルマン神話のグループである。だから日本の神話においては、天照大神《あまてらすおおみかみ》の孫がこの世に降臨し、そのまた孫が初代の神武《じんむ》天皇ということになっているから、少しの切れ目もない。日本の神様はわれわれにとっては先祖神である。

そっくり同じことは古代ゲルマン民族にも言えるのであり、アルフレッド大王家も、系図の上ではゲルマン三神と呼ばれる神々のうちの、次男イングに連なっている。これは日本の皇室の系図と同じことである。しかし、イギリスのほうは完全にキリスト教に改宗したうえに、何度も王統が断絶しているために、ゲルマン神話は完全な神話にすぎなくなっているが、日本のほうにはまだ『古事記』の神々を遠い先祖神として感ずるセンスが多少残っているという違いがある。

このような神話においては、男神を男と考え、女神を女と考えても差しつかえない。したがって、その間のことは、そのまま禁忌になったり、勧奨になったりすることは、前述したとおりである。いわゆる「神道に教義《ドグマ》なし」というのがこれである。

日本の古来の神々には、天主の十戒や仏教の五戒のような、箇条書きになるような掟《おきて》はないが、何の教訓もないというわけではない。そこに書いてあることから教訓を読み取らなければならないので、ある意味では歴史を読むようなものである。すぐれた歴史家というのは、別に歴史の教訓を箇条書きにするわけではないが、国家興亡の跡をさながらに描いてくれるので「鑑《かがみ》」になるとされる。その意味では日本の神話も多分に「鑑」である。

さて伊邪那岐命《いざなぎのみこと》と伊邪那美命《いざなみのみこと》の国産みの話に関してであるが、しばしば見落とされている重大な勧奨（禁忌の裏返し）がある。それは女神がイニシャティブを取って性行為に入った結果、ぐにゃぐにゃした水蛭子《ひるこ》ばかり生まれるので、この二神が、もう一度、天つ神のみもとに行って、忠告を求めた折のことである。そのとき天つ神は占いをして、「女はイニシャティブを取ってはいけない」と言われたわけである。それを聞いて、伊邪那岐命も伊邪那美命も、そうしたのである。「言われたとおりにした」ということはとりもなおさず、「服従した」ということだ。

天つ神の言われることに従うのは、あまりにも当然のことだから、これが重大な勧奨になっていることが見落とされやすいのである。もし伊邪那美命が、女は国産みの仕事、つまり性行為においてイニシャティブを取ってはいけないと言われた時に、「そんなのイヤです」と言ったらどうか。もちろん水蛭子《ひるこ》が生まれつづけて、いつになってもしっかりした島は生ぜず、したがって日本の島もできなかったことになる。表面には出ていないけれども、タブーとしての不従順ということがここに厳存しているのだ。

「天つ神が占ってくれたことに対して服従しないということはないだろう」という人には、一神教のような、神の命令が絶対的である点において、先祖神の場合とは比較にならない厳しい掟《おきて》を持つ宗教圏においても、神の絶対の命令に背《そむ》いた女がいたことを思い出してもらう必要がある。その女は言うまでもなくイブである。

ミルトンの大作『楽園喪失《パラダイス・ロスト》』の第一行も、「人間の最初の不服従《マンズ・ファースト・ディスオビーディエンス》と禁断の木の実について……歌えかし、天のミューズよ」というふうに書き出している。ミルトンによれば、そしてまたユダヤ・キリスト教的世界観によれば、「人間の最初の不服従《マンズ・ファースト・ディスオビーディエンス》」によって人間の歴史がはじまったことになる。もしイブが従順であって、禁断の木の実を取らなかったならば、至福の楽園が永遠に続いていたはずであって、悲惨な人間の歴史はなかったことになる。

西洋の一神教では女の「不服従」から人類史がはじまったとすれば、わが日本の先祖神は、天つ神の仰せに対する女の「服従」によって国を創造したことになる。西洋と日本ではどだい、これだけの発想の違いがあるのである。したがって一神教圏において、最初のうち、女の地位が極度に低かったのも無理はない。回教圏における女性の地位はいまだにきわめて低いようである。

これに反して、日本では最初の女神は、天つ神の仰せに服従して国産みに成功したのである。これは陰陽の相補性原理と並んで、日本における女の地位を男と対等とする保証になったと考えてよいであろう。西洋における女性蔑視の思想は、ある意味では日本におけるよりも根深いのである。私の体験から一つ紹介しよう。

故佐藤首相が若い頃に奥さんを殴《なぐ》ったという話がアメリカの夕刊の第一面をかざったの

は、私がノースカロライナ州の大学で教えていた時である。あの辺の人たちは無闇《むやみ》にパーティが好きで、私も毎晩のようにどこかに呼ばれていたが、当時はどこでもこれが話題であった。そして「この報道によって佐藤首相の人気は昇りこそすれ、下がることはないだろう」という私の言葉を信じかねるといったふうであった。アメリカでなら失脚に連《つら》なりうるスキャンダルなのだから。

女性の神学博士が言った。「女が男を打つ《スラップ》のは仕方ありません。女は感情的動物で抑制できないことがありますから。しかし男はいつも感情をコントロールしているはずで、配偶者を打つようなことはしてはいけないでしょう」と。

これは私の日本人的体験から言うと逆であった。いつもすぐ腹を立てるのは父であり、母がカッカするのを見た記憶はほとんどない。それは私の家庭だけでなく、私の育った環境では、どの家庭も似たりよったりであった。だいたい日本の家では、無茶なことを言ったりやったりするのは夫のほうで、妻のほうはそれにブレーキをかける役目だったのではないだろうか。

それで私はその女性の神学博士に聞いた。「アメリカでは夫が収入のすべてを妻に渡さないというのは本当か」と。

するとと彼女は何を変な質問をするのかといった面持《おもも》ちであったが、そんなことは当たり前だ、というような答えをした。そして「女は浪費《エクストラヴァガント》しやすいからだ」とつけ加えた。

これもまた、私などの体験にはないことであった。常に浪費するのは父で、倹約しているのは母だった。しかしまた、当時賢夫人だと言われていたジャクリーン・ケネディも、浪費という面では大変だったらしいから、西洋では、女はエクストラヴァガントなものという通念があるのかもしれない。

もしそういう通念があれば、夫が妻に財布をあずけないのも当然だし、したがって、よっぽどの資産を持っている女性でない限り、経済的にまるで子供扱いということになる。

そう言えば、戦後間もなく、日本の新聞に連載されていたアメリカの家庭漫画ブロンディも、いつも夫に物を買ってもらうことに苦心していた。夫のダッグウッド氏はまったく仕様のないノラクラ者として描かれ、ブロンディのほうはよく家事をやる主婦として登場しているのだから、日本ならば、ブロンディが財布を握っているところである。そしてダッグウッドのほうが千円亭主か何かになるはずだが、そうはなっていない。

「お告げ」を前にしたマリアの服従

聖母マリアによって何が変わったかを見たかったら、ダーダネルス海峡を東に渡ってみるがよい、とよく言われる。もちろんこの海峡の東は回教圏であり、女性はきわめて低い地位しか与えられていない。これは対岸のキリスト教圏と顕著な対照をなしている。この違いは聖母マリア崇拝のおかげだと言うのは、カトリック側の我田引水の議論にも見えるが、歴史的にはそう間違ってもいないであろう。

厳密な一神教で、神と被造物の差を無限とする回教では、人間の形の彫刻を偶像崇拝として許さない。テレビですらも人間の姿を写すから、教義に反するという議論が強いところだからである。

しかしカトリック圏では完全な人間でありながら、神の母となったマリアなら彫刻の対象になり、崇敬の対象となりうる。何しろ教義では明快に完全な人間と規定しているのだから、マリアが偶像神でないことには保証がある（和辻博士はこの点を見落としているから発言全部が臆断になった）。しかもキリストの母でもあるのだから、当然崇敬されてもよい。そこで聖母マリアの絵や彫刻や、彼女を賛《たた》えた歌がヨーロッパに満《み》つることになった。

プロテスタントでも死んだ母の写真をかざるであろう。その前に花を捧げることもあろう。葬式でも写真をかざることが多い。しかしその場合、写真の母は偶像神として崇拝されているのでないことは、みんなに明らかだから、文句は出ない。しかし回教徒から見ればそれも偶像であろう。

カトリックの聖母マリアは、そうした写真みたいなものとして考えればよい。ただそれが神の母ということで特別の崇敬を捧げられるのである。そして子供の時からそういう聖母像に親しんでおれば、女は神の母ともなりうるものであるという観念が生ずる。母性への尊敬であるが、これは当然のことながら、女性への尊敬へとも連なるのである。これがダーダネルス海峡の差になった。

つまりイブという、パラダイスを喪失せしめた、さかしらな女の「不服従」による凶事《まがごと》を恢復《かいふく》し、再び人間救済の道を開いたのがキリストであり、その母がマリアであったところが重要なところである。何となれば、マリアが神の母となったのは「服従」の徳によるものであったからである。

ルカ聖福音書によると天使ガブリエルがマリアのところに現れて、

「めでたし、聖寵《せいちょう》に満てる者よ。主はなんじと共にまします。なんじは女の中にて祝せられたのである」

と言った。マリアは何のことかわからないので、大いに困惑して案じていると、天使はさらに言葉をついで、

「畏《おそ》るることなかれ、マリア。なんじは神の御前にて恩寵を得たのである。なんじは妊娠して一人の子を産むであろう。その名をイエズスと名付けるがよい。その子は偉大にして、いと高き者ととなえられるであろう。主なる神は、その子にダヴィドの王座をお与えになっ

て、ヤコブの家を限りなく治め、その治世は終わりないであろう」と告げた。これを聞いたマリアはびっくりした。いきなり「お前は妊娠したぞ」と言われれば、乙女《おとめ》は誰だってびっくりするだろう。それで「自分は男を知らないのに、どうしてそんなことがありうるのか」と反問する。それに対して、天使は「それは聖霊によって行われたのであり、全能の神にはできないということはないのだ」と諭《さと》す。それでマリアは、「私は主たる神の召使いであります。あなたの言葉のごとく私になりますように」と恭《うやうや》しく答えるのである。この時のマリアの態度は絶対の「服従」、あるいは「従順」として、カトリックはこよなく高く評価するのである。男を知らないのに妊娠したというのは無茶な話であるが、無茶だろうが何だろうが、神の意志であれば、抗《あらが》うこととなし、として全《まった》き恭順の姿勢を示すのである。このあたりの感じは、フラ・アンジェリコの受胎告知図によく出ているが、有名な絵であるから見られた方も多いと思う。

かくしてイブの「不服従」あるいは「不従順」によって失われた楽園は、マリアの「服従」、あるいは「従順」によって恢復せられたというのが、正統的なキリスト教の解釈である。したがってイブとマリアという二人の女性を比較することによって、豊かな示唆《しさ》を受けることができよう。

聖書は女性の「さかしら」を嫌う

まずイブであるが、彼女は憎めない女である。彼女は禁断の木の実は、神に食べていけないと言われていたので、触れないでいたのである。ところが、誘惑者の蛇が現れてきてそそのかしたため、その気になったのであった。そのリンゴは見た目も美しく、食べても美味《おい》しく、そのうえに素晴らしい知識を得ることができるならば言うことなしだ、とイブは思うようになったのである。それでその実をとって食べた。自分だけ食べたのではない。愛する夫のアダムにも食べさせたのである。ここに何か不都合なことがあるだろうか。一つもないのだ。まったく理に適《かな》ったことだけである。むしろ、美味しく、美しく、知恵のつくリンゴを食べるな、と言った神様のほうが意地悪みたいである。そして自分が食べてみたら美味しかったので、夫にも食べさせたのだから、まことに筋が通っているというべきであろう。それが楽園喪失という凶事に繋がるというのはどうしたことであろうか。

「そんな話は無茶だ」と片付ける気ならそれでよいが、『聖書』に何らかの価値を認めるならば、楽園喪失というような超重大事件についても、何らかの解釈を試みなければならない。するとどうしても、神の側の「不合理さ」と、イブの側の「不従順」が浮き上がってくるのである。

この二つの要因を組み合わせると、どうしても結論は次のようになる。一見、無茶な掟にも従うのが幸福への道であり、一見、筋が通っているからと言っても、女の不従順は大凶事を招く、と。また、その逆に、マリアは一見、無茶な命令に従順であることによって天国恢復の契機を招来したのである、と。

ここで一貫しているのは女の「さかしら」を嫌うということである。旧約聖書も新約聖書もそうである。女が理屈に従うと、その理屈が一見立派なものであっても結果がよくなく、女が権威に従うと、その権威の言うところは一見無茶なものでも大吉を生むのである。

これはひどい話ではないだろうか。ところがこれにはおまけとして逆説《パラドックス》が一つくっつくのである。このように女のさかしらを徹底的に嫌うような聖書と聖伝を持つマリア崇拝圏で、つまり中世カトリック時代に、女性の地位が飛躍的に伸長したのである。アウグスチヌスを改宗に導いたのは、その母、聖モニカである。これによって古典世界の学問は、挙げてキリスト教的西欧の栄養になる道が開かれた。コンスタンチヌス大帝を改宗せしめ、ローマ帝国をキリスト教国にしたのはその母、聖ヘレナである。

このような偉大な母たちとともに、聖テクラ、聖リオバなどはすでに八世紀の昔、ゲルマンの森のなかに次々と女子修道院を建てていった。そこでは女が学問をしはじめたのである。そしていまでも（一九七〇年代）、アメリカの大学の学長で女性であるのは、大抵はカトリックの修道女であり、その状況は日本においてもほぼ当てはまる。一方、十一世紀には騎士道が形成されてきて、婦人尊重が西欧文化の一大特徴となるのである。

何たるパラドックス！

現代人が喪失した「楽園」とは

もしこのパラドックスに立って世の中を見るならば、いわゆる婦人運動が、とりもなおさず不服従運動であることにすぐ気付くであろう。そしてそれにはもっともらしい理屈がつく。否《いな》、その理屈はいずれももっともなのである。ちょうどイブがリンゴを食べた理屈が一応もっともであったように。

子宮は女のものであるからそれを女の自由にさせろという。もっともな理屈である。しかし要するに堕胎させろ、ということで、胎児殺害の自由を認めろ、ということである。殺人は禁忌であったのに、そんな禁忌に服従するのをやめよう、というわけである。

男と同じに金の取れる仕事をやりつづけるには、子供が邪魔になるから国は保育所をうんと作れという。子供には母が哺乳《ほにゅう》するようにできているのだが、そういう自然の構造には服従するのをやめようというわけだ。

といった具合に、その運動の主張を並べていくと、必ず立派な理屈がついているのに、楽園が確実に喪失するようになっているみたいである。この場合の楽園は、素朴な意味での家庭である。家庭が楽園であるためには、女は筋の通らないことに従わねばならない。なんで男が主人で、女はその世話をしなければならないのか。なぜ女が家事をやらねばならぬのか。なぜ女は子供の世話をしなければならぬのか。なぜ女は亭主より早く起きて朝食を作らなければならないのか、などなどである。

もちろん理屈から言えば、何も女がこんなことに服さなくてもよいわけで、それをやらなくなっているところもあるらしい。しかしイブとマリアの物語を知り、『聖書』を信じている者には、「楽園喪失近づけり」、と思えてくるわけだ。もっとも、完全にいままでの家庭というものがこの世の中から消滅したら、男より困るのは女であろう、ということは、すでに旧約聖書に暗示してある。

楽園から追い出す時に、神はイブに次のようなことを言われたのである。

「お前は妊娠の苦しみが大いにふやされ、子を産むのに苦しむべきであろう。お前は夫に服従し、夫はお前を支配するだろう」と。

つまり家庭という楽園が喪失すれば、妊娠しても祝福してくれる人もなかろうし、お産は苦しみだけのものになるだろう。つまり苦しみの度が増加するであろう。そして家庭という束縛《そくばく》のない男女関係では、絶対に男が横暴になるだろう。家庭の主婦が亭主の機嫌を取る百倍もの努力が不断に強いられることになるであろう。まあ、このように聖書を読み換えうるのである。

なぜマリアの死についての伝聞が皆無なのか

ところで「服従」によって国産みに成功した伊邪那美命や、「服従」によって救世主を産んだ聖母マリアはその後どうなったであろうか。いずれも、天意に「服従」することによってめでたい結果を生んだという点では共通であるが、結末は大いに違ってくるのである。そこは一神教と先祖神宗教の差であって仕方がない。

まず聖母マリアのほうだが、彼女は昇天したことになっている。昇天と言ってもキリストのほうは神様だから自力昇天で、これを英語ではアセンションと言い、聖母マリアのほうは人間だから他力昇天で、これを英語ではアサンプションと言う。カトリックの教義によれば、人間の死の窮極的原因は原罪にある。しかしマリアはキリストに肉体を与えるという使命があったのであるから、当然、原罪の汚染を免《まぬか》れていたと考えるべきである。したがってマリアは死んだはずがない。というような推論から、マリア被昇天のお祭りが長い間、祝われていたが、それが戦後になって、正式に教義にされたのである。これは法皇ピウス十二世によって一九五〇年（昭和二十五年）に発布されたもので、カトリック教会の最も新しい教義である。しかし、こんなことは一般の日本人にはあまり関心がないであろう。

何はともあれマリアが死んだはずがないという信仰は、当初からあったと見えて、マリアの没した土地というものは、伝説にも残っていない。カトリック教会には聖人崇敬の伝統があって、最初の殉教者以来、聖人たちについての伝説や遺跡は山ほどあるのに、最も大切な聖人であるマリアの死に関しては、伝聞が一切ない、というのは奇妙だという学者もいる。ともかく公式にはマリアは死んだことになっておらぬし、民間伝説でもその死にざまを伝えるものはない。

これに対して、われらの先祖神である伊邪那美命については、『古事記』にも『日本書紀』にも記載がある。それによると火之迦具土神《ひのかぐつちのかみ》をお産みになった時に、美蕃登《みほと》が焼かれてお亡《な》くなりになったと言うのである。火を産んでお亡くなりになったという伝承はいろいろな点で意味深い。西洋でも人類に火を与えたということでプロメテウスの話があるわけだ。火は人間を他の物から区別する重大な点であるから、火を得るのには犠牲があったのであろう。

また美蕃登《みほと》が焼かれてお亡くなりになったとわざわざ断ってあるのは――『日本書紀』には「見焦而化去」（やかれて、かむ去りましぬ）としてあって、やけどをした個所を明記しない――当時、その例が多かったと思われる産褥《さんじょく》熱と関係があったのであろう。

いまでこそ、この病気が人の口の端《は》に上ることも稀《まれ》になったが、昔はすこぶる恐ろしかったはずのもので、それこそお産が死と隣り合わせのような感じだったのである。ついでながら蕃登《ほと》は、ホカホカ、ポカポカ、フカフカといったような状況語と語源的に連なっていると考えてよいであろう。古代の日本語はピカピカからヒカリという単語が出てくるような作り方をしていたのである。その温かい個所である蕃登と、火の獲得と、産褥熱が一団となったイメージがあるようである。古代の言葉は、いまのセンスからするとなまなましすぎるような記述が多いが、そこに卑猥《ひわい》を感ずるのは近代のビクトリア朝的感覚なので、古代にあってはそういうものではなかった。

さて、問題はこの亡くなられた伊邪那美命のそれからの運命ということになるが、それはまたあとで考えることにしよう。

第3章

農業国家・日本の建国宣言

——神武《じんむ》天皇が天《あま》つ神《かみ》を祀《まつ》った故地を訪ねて

神社で寝起きした私の青年時代

「グラビア用の写真を撮るから、一緒に大和《やまと》を回ってみませんか」と『正論』編集部の尾崎俵士氏に誘われて、「山辺《やまのべ》の道《みち》」のあたりを歩いてみた。

五月下旬の週末のこととて、人出が大変なのではないか、と思ったのであるが、そんなこともなかった。山辺の道を歩きながら、こんもりとした森が先方に見えると、それが神社で、もう少し近寄ると鳥居が見える。それをくぐると両側に大木のある参道があり、それが尽きると広場があって、その奥に神殿がある。どこでもそうなっている。

こうした神社めぐりをしていると、私の胸のなかには何とも言えない「なつかしさ」が湧《わ》いてきた。神社を訪ねると懐《なつ》かしい気持ちになるというのは、日本人の血であろうか、などと言えば気障《きざ》な表現になるが、私の場合はもっと個人的な追憶と結びつく。というのは若い頃、私は一年のうち、半月近く、神とともに寝ていたからである。

近頃は鎮守《ちんじゅ》の社《やしろ》の祭礼がどんなふうになっているかは知らない。しかし、いまのように自動車やそのための道路ができるまでは、年に一度か二度の祭礼は草深い村の唯一の楽しみ、つまり本物の「お祭り騒ぎ」であった。そのお祭りには遠い町やら、近くの村の親類もやってくる。テレビはなく、ラジオは普及せず、新聞も普通の家にはこないような村で、こうしたお祭りが、どのように皆の楽しみになっていたかは、いまから想像することはまったく不可能である。

この祭礼に欠くことのできないものは、縁日の商人である。香具師《てきや》が店を出すわけだが、田舎《いなか》ともなればプロの香具師だけでない。村の萬屋《よろずや》も店を出す。町の小商人でその時だけ出てくる者もいる。戦後は海外引揚者の人も少なくなかった。平日は闇市などに店を出し、お祭りの時だけ出てくる人もある。とにかく混成旅団であり、縄張りというのもあった。

私もそういう仲間に加わって、神社から神社へと商売道具を持ち、祭礼を追って渡り歩いた。そして夜はもちろん宿屋はないので、お祭りのあとの人気《ひとけ》のない神社の拝殿に泊めてもらう。夏祭りだから毛布一枚あれば寒くない。朝飯は村の人に頼んである。

祭礼は午後にならないとはじまらないから、午前中は川で泳いだり、神社の回廊に腹ばいになって、英語でウィリヤム・ジェイムズなどを読んでいた。人気のない神社の森の夜明けというものは素敵なものだ。朝日が巨木の間から射し込み、小鳥がうるさいほど囀《さえず》る。

そんなふうにして半月近く家から離れていることもあった。

草鞋《わらじ》を履き、商売道具を背負って山の中腹の神社まで歩いた、などという経験を持っているのは、おそらく私が最後の人間に近いであろう。その後は急に世の中がひらけてきたからである。私は昭和三十年の秋にヨーロッパに留学させてもらったが、その年か、その前年までは、そのようにして神社まわりをしていた。したがって、私は神官職の人とはまったく別の意味で、神様に喰《く》わせてもらった、というような実感を持っている。

　このようにして知った日本の神々から受けた私の印象は、それらは日本人の御先祖様に違いないということであった。「氏神《うじがみ》」とは要するに「氏のカミ」、つまり一族の頭《かしら》であろう、ということであった。昔の日本の村落は、いずれもゆるやかな親類の集団と言ってもよさそうなものだったのであろう。

　氏子《うじこ》というのもその関係を示す言葉である。いまではピンとこないけれども、戦前の人なら、「本家《ほんけ》の偉いお爺《じい》さん」といった感じに近いものがある。昔は自分の父や、その父であるお爺さんも、子供には相当恐かったものであるが、それが宗家《そうけ》の、あるいはその村の人たち全体の上《かみ》に立つ人であるとすれば相当恐い。しかし血は繋《つな》がっているという感じである。たとえば、源氏一門の人々が、八幡《はちまん》太郎《たろう》義家《よしいえ》に対するような感じを小型にしたのが、鎮守の神様と考えたらよいのではないか。

　その意味で、日本中の氏神の総帥《そうすい》が伊勢《いせ》神宮であり、その直系の子孫が皇室である、というのはごく自然な考え方であると思う。

　日本の国は文字どおりに「国家」であり、国民は文字どおり「同胞」である。もちろんこのような国家観は、戦前の国家主義史観であったことは百も承知である。敗戦後は一時それに反撥《はんぱつ》を感じていた時もあったが、神社の祭礼めぐりをしているうちに、そういう考え方は筋が通っていると思うようになった。ただ戦前の右翼はそれを濫用《らんよう》、悪用したのである。

本来、正しい考え方でも、濫用や悪用は可能であるという例は少なくない。キリスト教は各派とも、それぞれ正しい教義を持っているが、濫用と悪用が加われば、愛の宗教同士で戦争を起こしたり、殺し合いをしたりした時代があったわけである。家族というのもよいものだが、悪い父親などがいたり、家族の絆《きずな》がその成員個人の不幸のもとになることだっていくらもありうる。

日本全体を大家族とみて、その宗家《そうけ》として皇室を仰《あお》ぐという考えは、決して悪いものでないどころか、国家としてのあるべき姿であろう。ただ、悪用と濫用の時代があったのだ、と私は、自分で自分に説明しはじめていた。これは一種のレヴィジョニズムである。

考えてみれば、福祉国家の観念もそこから来るはずである。われわれが病気になれば家族の者の世話になる。また病人も家族の世話になる権利があるわけだし、家族の者も当然そうする義務がある。これが福祉の原型であろう。まったくの他人に世話を要求する権利などはあるはずがない。

しかし近代国家というような大規模社会においては、福祉関係を親類や兄弟の間に限っては不都合なことが多いので、国なり市町村なりが肩代わりに出てくることもあるのであるが、その背後には、「元来、日本人はすべて同胞である」という思想がなければならないであろう。同胞であるからこそ、恵まれぬ状況にある時は、福祉を権利として（憐《あわ》れみとしてでなく）要求できるのだ、と考えるのである。

カトリックと禅と日本のカミは並立する

このようにして私は私なりに日本の神々を解釈し、それに親しみを抱くようになった。そして日本の神々には、いわゆるドグマがないことを発見して、日本史の重大な面が一つわかったような気がした。それは天皇が仏教に帰依《きえ》してからも伊勢神宮がなくならなかったことである。日本史の本で第三十一代用明《ようめい》天皇に光を当てているものをついぞ読んだことがないが、これは日本の歴史学者が宗教的体験をあまり持たなかったからではないか、とも考えるようになった。もちろん用明天皇は、仏教徒になられた最初の天皇である。

宗教は当時の私にとって――いや、いまもそうであるが――最大の関心事の一つであった。そして日本の筋の通った神々は、すべて先祖神であり、その信仰は霊魂の不滅を前提としているとわかった時、これはいわゆる「高級宗教」と共存できると思ったのである。古代においてカミとホトケが共存しえたように、似たようにして日本のカミはユダヤ教やキリスト教とも共存しうるに違いないと思った。

大学では「カトリックと禅は両立する」と言っている外国人の神父さんたちが何人かいたが、私の家は代々禅宗であるから、その論拠に関心があった。それに加えて、私には日本のカミも共存できると思われてきた。つまりカトリックを信じながら神社に敬意を払い、禅で瞑想することは少しも矛盾でない、と思うようになったのである。

カトリックは、特にイエズス会は、昔から儒教を尊重し、儒教はカトリックと矛盾しないと主張している。その理由をドイツ人の宗教学教授は、「儒教は天を祀《まつ》っていたからだ」と教えてくださった。つまり「偶像を拝さず、超自然的ドグマを持たない」ということである。

「しかしこれは日本の神社にも当てはまるのではないか」と考えたのは、ちょうどその頃、久米邦武《くめくにたけ》博士の著作を少し読んでいたからである。最近では、久米博士の名前を聞くことは稀であるので、ちょっと紹介しておこう。

久米博士は旧幕時代に漢学を修められた方であるが、維新後は明治政府に仕《つか》え、岩倉具視《いわくらともみ》が明治四年に欧米を訪ねたときに、宗教取調係として一行に参加された。帰国後、太政官直属の修史館に入り、大日本編年史を作るため、あらゆる歴史の資料を集める仕事をなされた。その後、ドイツ人リースの献言によって日本の大学にも国史科を置くことになった時、久米博士は教授になられたのであるから、日本史の教授の草分けであったわけである。

しかし先生のお書きになった「神道は祭天の古俗」という論文が、最初『史学雑誌』に出、さらに『史論』に転載されるに及んで物議をかもし、ついに先生は大学をやめざるをえなくなったのであった。明治二十五年のことである。これはそれから数十年後に起こった津《つ》田左右吉《だそうきち》博士や美濃部達吉《みのべたつきち》博士に対する圧力と似ており、一連の不幸な事件のはじまりと言えるものであろう。

こうした筆禍《ひっか》事件のあと、先生は自由な立場から日本古代史の研究をお続けになって、昭和六年、九十三歳で亡くなられたのであった。久米先生のは、考古学があまり発達しなかった頃の歴史であるから、いまの古代史とは少しおもむきが違う。しかし古代日本人の意識に関する考察では、比類なく透徹しているように思われてならなかった。何よりも久米先生の説く古代の宮廷の祭儀とそっくりのものが、山のなかの名もない神社でまだまだ生きているのを見ていたので、私は久米先生の書かれていることは特に敬意をもって読んだのである。その久米先生が「久方《ひさかた》の」という「天《あめ》」にかかる枕詞を次のように解釈しておられるのだ。

「余《よ》は前年、大和国桜井《さくらい》に往《い》って、神武帝の鳥見山《とみやま》の霊時《れいじ》の跡を検《しら》べて知る所があった。その峯《みね》の円丘に登って見ると、天津神《あまつかみ》を祀《まつ》られた祭り場が尚《な》お歴然として存し、前方の真南に聳《そび》えた音羽山《おとわやま》という高山に向って祀る形になっている。すなわちそれは瓢《ひさご》の形をなしているのである……すべて上古は高山に向って供物《くもつ》を供え、天津神を祀《まつ》った所から、瓢形《ひさごがた》の塚を作って、その高山に擬《なぞら》えたという事がこれで解《わか》るが、それからして瓢形《ひさごがた》をひさかたといい、天《あめ》の枕詞となったと余《よ》は思い当ったのである」と。

　この枕詞の解釈が当たっているかどうかの検討は国語学者にまかせることにして、久米学説の中心である「神道は祭天の古俗」であるということ、そして大神宮も天を祀り、神武天皇も天を祀ったという点に、前々から注意を引かれていた。それで今回、大和地方探訪の機会を与えられたのを幸いに、神武天皇が祭天の儀式を行われたという場所をぜひこの目で見たいと思ったわけである。

　現代の観光は、たいてい、寺院や仏像など、形の残っている「文化財」を見て回るのが中心になっているらしく、そういう偶像を一切祀ったことのない初代の天皇が天を拝んだ場所などは、観光案内や観光地図のどこにも書いてない。ただ地名だけはわかっていたので、それを頼りに探すことにした。

神武天皇ゆかりの古社を訪ねて

桜井市のタクシーの運転手も、鳥見山に神武天皇の遺跡があるということなどは知らなかった。地図で見ると女子短大の近くらしいので、まずそこに向かったのであるが、運転手が「そう言えばこの近くに神社があった」と言って、連れて行ってくれたのが宗像《むなかた》神社である。入口には式内社《しきないしゃ》という石碑があるが、規模から言えば、若い頃の私が泊まり歩いた東北の田舎の村社程度の小さいものだった。宗像神社は元来は九州の神様で、主として壬申《じんしん》の乱のあとに大和にも祀《まつ》られるようになったと聞いているから、神武天皇からはだいぶ時代があとになる。

夕暮になったのでひとまずあきらめ、またタクシーに乗って帰る途中、何やら大きな神社の前を通ったので、「ひょっとしたら」と思って降りて見たら「等弥神社」とある。「この神社に違いない」と思って、ちょうどそこに来合わせていた数人の人に、「ここは鳥見山《とみやま》の神武天皇の遺跡と関係あるところではありませんか」と尋ねた。その人たちは、この神社は桜井の産土様《うぶすな》だが、神武天皇のことは聞いたことがない、とのことであった。そしてこの神社は「トーヤ神社」と呼ばれているとも教えてくれた。

しかし神域の感じから言うと、いままで歩いて来た山辺の道沿いの有名な神社に劣らない風格がある。しかし奈良地方の詳しいガイド・ブックに名前も挙がっていない。これは神武天皇の関係の神社に違いないと思った。何しろ戦後、神武天皇自身が日本史から抹殺されたのであるから、そのゆかりの神社がガイド・ブックから消えるのは当然である。そうでなければ、「金屋《かなや》の石仏」のような小さな祠《ほこら》が有名なのに、いま、この目の前に見る大社が取り上げられないわけはない。

境内《けいだい》で、もうしばらくうろうろしていたら、熱心に柏手《かしわで》を打ちながら拝んでいる中年の男の人に出会った。「ここは神武天皇と関係ある神社ではありませんか」と訊《き》くと、その人は「そうです」と答えてくれた。「そして裏山には神武天皇の霊時《まつりのにわ》というのがあるだろうか」と尋ねると、「昔はそういうのがあると言われていて、子供の頃はよく登ったものだが、いまは誰も登らないから、道もついてないかもしれない」ということであった。そして等弥神社の神様は皇太神宮のはずである、と言ってくれた。これで話はすっかり合う。

鳥見山は神武天皇が天を祀られたところだから、神武天皇を祀るよりは、神武天皇が祀ったその対象を祀るほうが理屈に合う。この人に教えられて、この神社の宮司《ぐうじ》・佐藤氏を訪ねることにした。突然、夕方にお訪ねしたのであるが、佐藤氏は快《こころよ》く会ってくださされ、この山についての十分な情報を与えられた。あとは明日、自分の目で見ればよい。

たまたま、『万葉集』で鳥見山を歌った歌の歌碑が、この山に建てられたばかりのところだ、という佐藤氏のお話であった。その『万葉集』巻第十の歌というのは、次のものである。

うかねらふ　跡見山《とみやま》雪の　いちしろく　恋ひば妹《いも》が名　人知らむかも

（此《この》跡見の山に積ってゐる雪のやうな、恋をしたならば、いとしい人の名をば、人が知り出すだらう――折口信夫《おりくちしのぶ》訳）

この歌の「うかねらふ」は跡見山（鳥見山）にかかる枕詞で、原文では「窺良布《うかねらふ》」としてある。これは猟をする者が鳥獣を捕ろうとする時に、その足跡を見て窺《うかが》い狙《ねら》うところから、跡見という地名にかぶせたものであるとされている。

翌日は晴天であった。宮司さんに地図をもらっていたのに、最初に登った道は谷に出てしまった。すぐ足もとから褐色の鳥が二羽飛び立ったのに驚かされる。どうやら道を間違ったらしいので引き返し、今度は尾根伝いに登る。東京付近にこんな素晴らしいハイキング・コースがあったら、あの日のような天気のよい日曜日にはごったがえすだろうが、神武天皇が忘れられているおかげで、人に出会う気づかいはない。小鳥の声がまことに豊富で、そのうえ、まだ五月だというのに蟬《せみ》がいっぱい鳴いている。

いま引用した万葉歌碑のある見晴らし台を越えて、さらに登って行くと、急に景色が眼下にひろがる。そしてあっと驚いたことには、ここからは大和三山、つまり耳成山《みみなしやま》、香久山《かぐやま》、畝傍山《うねびやま》が一望の下に見下ろせるのだ。ここなら神武天皇が天つ神を祀ったという『日本書紀』の記事と、よく合うように思う。そこにはこう書いてある。

「四年春二月……詔《みことのり》して曰《いわ》く。我が皇祖の霊《みたま》、天《あめ》より鑒光《みひかり》を降して、朕《ちん》が躬《み》を助けたまへり。今、諸《もろもろ》の虜《あだ》、すでに平《たいら》ぎ、海内無事《あめのしたしずか》なり。もつて天神《あまつかみ》を郊祀《まつり》て、用《もっ》て大孝を申《の》ぶべし」と。

　昔は天つ神を祀る場所は独立した山ということになっていたようであるが、大和平野で独立した山と言うのは、大和三山と鳥見山だけである。すると大和三山を見下ろすようになる鳥見山が、この場合は最も適当ということになるのではないだろうか。

　この「天神《あまつかみ》を郊祀《まつり》て大孝を申《の》ぶ」ということは、昔から、大嘗会《だいじょうえ》（大嘗祭）の起源とされている。大嘗祭は「おおにえのまつり」と呼ばれ、天皇が即位なされてから、最初に新穀を皇祖や天神に捧げて、自らも試食する重大儀式である。新嘗祭《しんじょうさい》（にいなめのまつり）は、毎年、新穀を皇祖や天神地祇《てんじんちぎ》に供える儀式で、これは現在でも「勤労感謝の日」として残っているが、大嘗祭のほうは、新憲法下の新皇室典範の規定からは政教分離の原則上除かれているから、若い人たちは知らないであろう。

しかしこれは日本という国の成り立ちを知る意味できわめて重要なことである。イザヤ・ベンダサンは、ユダヤ人は牧畜民族であるから、彼らにとっては羊が神聖な動物であり、小羊を神に捧げるのが重大な儀式であったのに対し、日本は農耕民族なので稲穂を捧げるのだ、という意味のことを言っている。これは正しい指摘であって、日本では穀物を神に捧げるのが「大孝を申ぶ」ということになるのであった。

この「申大孝」と『書紀』にある言葉は、「御先祖様の教えに従いました、ということを報告した」ということである。ではどうしてこうなるのであろうか。

神武天皇の「神勅《しんちょく》」は何を言おうとしているのか

昔の歴史の教科書に「神勅《しんちょく》」というのがあった。これは天照大神《あまてらすおおみかみ》が、その男系の孫の邇《に》邇芸命《にぎのみこと》を、この日本の統治者として高天原《たかまがはら》から派遣なさる時に、命令を出されたのである。これを「神勅」と言うのである。戦前の教育を受けた人は暗記していると思うが、いまでは知らない人も多いと思うので、当時の教科書から引用しておこう。

「豊葦原《とよあしはら》の千五百秋《ちいほあき》の瑞穂國《みづほのくに》は、是《こ》れ吾《あ》が子孫《うみのこ》の王《きみ》たるべき地《くに》なり。宜《よろ》しく爾《いまし》皇孫《すめみま》就《ゆ》きて治《しら》せ。さきくませ。寶祚《あまつひつぎ》の隆《さか》へまさむこと、當《まさ》に天壌《あめつち》と窮《きはま》りなかるべし」と。

高天原はどこにもないとか、天孫降臨はお伽《とぎ》話とか、いろいろの説はある。しかし日本史にとって重要なのは、現代の解釈ではない。古代の日本人たちが文字どおりこれを信じて、それによって行動してきたので、この文句がわからなければ古代の日本人の行動の説明がつかない、ということが重要なのである。

それは旧約聖書が歴史的事実であるかどうかについての現代の考古学的考証とは別に、それを知らなければ、数千年間のユダヤ人の行動がまったく説明できないということと同じなのである。また新約聖書の記事の歴史的事実性を疑うのは自由であるとしても、それがわからないことには、西ヨーロッパを形成したキリスト教徒の行動がまったく説明つかないということと同じなのであると言ってよかろう。

では「神勅」は何を言っているのか、といえば、それは天皇家の主権宣言であるとともに、日本が農業国家である、ということの宣言である。皇孫ニニギノミコトは農業国家としての日本の支配者として派遣されたのであった。そして神武天皇も、大和を農業国家として建設した最初の天皇ということになる。

大和の建国が容易ならぬものであったことは、記紀の記事からも明らかである。神武天皇の数人の兄弟が、ことごとく途中で戦死されたということがそれを暗示してあまりある。したがって神武天皇はまずもって武勇の天皇ということになるが、「武」は手段であって目的でない。目的は「農」による建国と民生安定である。神武天皇は大和を平定して畝傍《うねび》の橿原《かしはら》で即位され、「肇国の天皇《はつくにしらすすめらみこと》」になられたわけであるが、その後三年間は、諸国に、稲などの種子を持って行かせて農業を普及させたのである。その効果があって三年目に産物ができた。それを皇祖と天神に捧げたのが、先に挙げた鳥見山の祭りであったのである。

大和を平定し、農業立国とすることが天照大神の「神勅」の趣旨だった。その趣旨の実現ということになれば武力平定では充分ではないので、農業の成功を待たなければならない。それが実現したのは即位後四年目であった。かくして「神勅」の命令が果たされたというので「中大孝」という表現になったものと考えられる。

子羊を殺して捧げるのでもなければ、熊の頭を捧げるのでもない。敵から奪った戦利品を捧げるのでもなければ、人身御供《ひとみごくう》をやるわけでもない。農業生産物を捧げるのである。そして天の神に感謝し、先祖の霊に報告する。そこには一点の偶像崇拝の要素もなければ、迷信の要素もない。

ついでながら言っておけば、明治天皇が大嘗祭を執《と》り行われたのは明治四年である。もちろん明治維新は明治元年であったが、廃藩置県のあったのは明治四年である。神武天皇も即位から大嘗祭まで四年かかり、明治天皇の場合も同じ年月がかかったのはまったくの偶然である。しかし即位から、「四海無事」の状態が現出するまでには、それぐらいの時間が必要であることを示していて面白い。

鎮守の森が伐採されるとき

鳥見山から大和平野を見渡しているうち、ふと、鳥見《とみ》は「遠見《とおみ》」や「鵄《とび》」と関係しているのではないかと思った。古代の日本語は近頃のクイズみたいにいろいろな連想と結びつけられていたらしいからである。神武天皇と言えば鵄《とび》が出てきてもおかしくない。また鵄は遠見するもので、「うかねらふ」ものであろう。おそらく古代日本人は、そういう何重もの連想を楽しんだのではないかと思う。そう思いながら鳥見山の地図を見ていたら、鵄谷《とびたに》という谷が見つかった。遠見を、鳥見と書き、また鳥美、登美と書けば、この「美」は「ミ」でなく「ビ」とも呼ばれるようになるであろう。それは現在、等弥《とみ》神社を、氏子の人たちが、「トーヤ神社」と呼ぶようなものである。仮名が確立しない時代の漢字はいろいろな読み方があると考えてよいであろう。

これは別に根拠のある語源説ではないが、私は鳥見山からの見晴らしと、そこで天つ神を祀られた神武天皇のことと考えて、トミは「遠見」が一番しっくりくると思った。それでもなお、近頃の人たちには神武天皇の実在性の問題がひっかかるかもしれない。しかしそういう人には、『古事記』と『日本書紀』にある神武天皇の歌を拾い集めることを勧める。とにかく二千年以上昔の人で、これほど文学作品を残した詩人ならば、その存在を疑う文学史家はあるまい。ただ天皇だからというので「科学的」な歴史学者に実在を疑われたりしなければならないのである。

しかし日本に初代の天皇がいたことは間違いないわけだし、その人の作と伝えられる短歌や長歌が数多く記録されており、その人について八世紀に書かれた書物に出てくる地名は、今日もみんな残っているのだから、その存在を疑うことは相当難しいのではないかと思う。

シュリーマンはホメロスの詩を頼りにトロイやミケネの遺跡を発掘してみせ、ホメロスが単なる古代の物語として史実と関係がないと主張していた科学的歴史家たちを唖然たらしめたが、日本にはシュリーマンの必要はない。日本はギリシャのごとく異民族が何重にも入りこんできて王朝が絶えたことなどないのだから。

ところでたまたま雑誌『諸君！』七月号（昭和五十年）を見たら、「野坂昭如《のさかあきゆき》飢餓対談」というのがあって、彼と土光敏夫《どこうとしお》氏が農業の問題を論じている。近年、急に農業に対して危機感が持たれてきているようだが、これはやはり日本人が戦後、「神勅」を忘れたことと関係あるのではないだろうか。

もし日本が農業立国であるということに、多少なりとも宗教的尊敬心が払われていたら、何が何でも農村維持の方針が堅持されていたことであろう。どのような経済的不都合なことがあっても減反《げんたん》政策は採用されなかったであろうし、こう簡単に平野の美田が片っ端から潰されて地上一、二階の安建築が立ち並ぶということもなかったであろう。そして農地に均等相続法を適用して、日本の農業を根こそぎひっくり返すということもなかったであろう。新皇室典範から、日本最古の儀式である大嘗祭を除いたことは、すでに今日の農業状況に対する予兆でもあったわけであろう。

もうだいぶ前になるが、田舎で鎮守の森がすっかり伐《き》られ、そこの広場がセメントで固められて子供の遊び場になっていると聞いて慄然《りつぜん》としたことがあった。その神社は郷社《ごうしや》で、そこには巨木で囲まれた広い境内があった。私は毎年の夏祭りの時に、二晩か三晩、そこで過ごしていたから実に懐かしいところだ。しかし鎮守の森が伐られるようではもうおしまいである。この伐採の話を友達に聞いた時が、戦後の啓蒙に対してはじめて恐怖と嫌悪を感じた時であった。それはちょうど、三島由紀夫《みしまゆきお》が『鏡子の家』を書きはじめた頃であったのだが。

ただ一つの希望は、この頃になって環境問題の面から鎮守の森が見直されはじめてきていることである。日本の各地に等弥神社や橿原《かしはら》神宮の大森林公園のような、鎮守の森ができたら素晴らしいことだ。そして穀物ができるのは、ほかのものとちがって、天孫降臨にかかわることであるという神話は、もう一度見直されてもよいであろう。

第4章

男が見てはいけないもの

——黄泉国《よみのくに》の伊邪那美を垣間《かいま》見た伊邪那岐の罪

スウィフトが描いた「淑女」の世界

「あそこの奥さんは、いつもちゃんと白粉《おしろい》をつけて化粧している。夫には床に入る時でも素顔を見せないのが武家の女のたしなみだというが、まったく大したもんだねエ」

と母が知り合いの歯医者さんの奥さんについて語っているのを聞いたことがある。昔の武士の家庭では、どこでも奥方が閨房《けいぼう》に入る前に化粧していたかどうかはさだかではないが、その歯医者の奥さんが、当時の田舎町の堅気《かたぎ》の家の奥さんには珍しく、白粉をつけていたことはたしかだった。こんな話を耳にしたのはせいぜい小学校低学年の頃だったに違いないが、「武士の奥方は夫に素顔を見せることがない」という話は妙に頭にこびりついている。

その後、大人になって得た情報によれば、西洋では女性の化粧するところは家族でも見てはいけないという。「本当かな」と首を傾げたいところだが、反論の材料もないから何とも言えない。ただ、相当の身分の家庭でなら、少なくとも大戦前までは、そういうこともありえたと考えられる。

これと関係して、昔は夫婦別室ということが広く行われていた。私の家でも父母が同室に寝るということはなかった。田舎の親類に行くと、大家族が一つ屋根の下に住むということもあってか、夫婦部屋がいくつかあって、そこには家族の他の者は入らないことになっているのを見て、「変わっている」と思っていたものである。

西洋ではダブル・ベッドの国だから夫婦同室だろう、と考えられやすいが、それは一般に中流以下の生活者の生活形態と考えてよいようである。というのは私が読んでいる小説でも、少し身分が高い人や、金持ち階級が登場すると、明らかに夫婦別室になっているからである。夫婦だから同衾《どうきん》はするが、同閨《どうけい》ではない。だから夫婦喧嘩でも起こると、奥さんは自室に鍵をかけてしまう、という場面がよくある。

また徳川時代の武家の奥方、あるいは妾《めかけ》に対する教訓書のなかには、例のことが終わったら、主人の側にもうしばらくとどまっていたいと思っても、我慢して早く自室に下がるように、という教えが書いてある。これも同衾すれども同閨せず、の主義である。なぜそうなるかと言えば、結局は、夫に素顔を見せてしまうことになるからであろう。女が長く男に幻滅感を与えないでおこうとするならば、油断したところ、つまり本当のプライヴァシーを見せてはいけないという昔の人の知恵だったと考えられる。女性はある角度から見られると、きわめて不利になりうるということである。

このことを最もドラマティックに示したのが、『ガリヴァー旅行記』の著者、ジョナサン・スウィフトの「淑女の化粧室」と「うら若き佳人、臥床《ふしど》に入る」という二篇の詩であろう。これは中野好夫《なかのよしお》氏が絶妙な紹介をされているが（『スウィフト考』岩波新書、115—121ページ）、これを簡単に述べれば次のようなふうになる。

まず「淑女の化粧室」の女主人は名前をシーリアと言うのだが、彼女は五時間もかけて化粧し、着飾って外出する。そのあとで下男のストレフォンがその化粧室に忍びこんで見ると、まずひどく汚れたシミーズ、特に脇の下は真っ黒になっているのが目につく。櫛《くし》も歯の間には垢《あか》と埃《ほこり》がぎっしり詰まっている。化粧台にはフケ、抜け毛、額の皺《しわ》延ばし用の油だらけの目張り布、ワキガ止めの粉明礬《こなみようばん》、仔犬の小便を蒸溜して作った美容液がある。またその側には汚い容器があって、手洗いの残り水、口をすすいだうがい水、唾《つば》や啖《たん》やへドまで入ったままである。垢や鼻汁がついて真っ黒になっているタオルやハンカチや、異臭を放つ靴下などが床の上に置き放しで、さらに部屋の片隅の木箱のなかには、大きな鍋《なべ》みたいなものがあって、なかには何とホカホカ、ポトリと落ちる例の排泄物が入っているのである。そしてこのショッキングな体験のあと、ストレフォンは美女を見れば悪臭を連想し、悪臭を嗅《か》ぐと美女が側にいるような錯覚を起こすようになったというのである。

「うら若き佳人、臥床に入る」のほうも同工異曲である。ドルーリ・レイン（ロンドンの盛り場）の華《はな》ともいうべき麗人コリナが夜が更《ふ》けてからアパート四階の自室に帰った時のシーンの描写からはじまる。まずスツールにぐったり坐《すわ》ると、大きなかもじを取り、ガラスの義眼を取り、つけまつ毛を取り、頬《ほお》を膨《ふく》らませていた塡《つ》め綿を取り、総入歯を取り、ぺちゃんこの乳房を膨らませていたボロ布類を取り、鉄枠入りの胴着《ボディス》を取り、人造ヒップを取る。そうして半裸になった肢体はと言えば、膿汁《うみ》だらけの大吹出物があって……という具合に続く。

とにかく女のプライヴァシーを見てはいけないということをこれほど醜怪《しゆうかい》に、しかも田園詩風の形式をとって描いてみせた点で、スウィフトの作品はまことに異色である。

しかしこれほどひどくはないにせよ、美人佳人の裏面がここに描かれているシーリアやコリナと一脈相通ずるものであることは、しばしば体験されることである。私の親類に、有名な音楽学校を出た女性がいる。彼女が寄宿生活で胆《きも》を潰《つぶ》したのは、小シーリア、小コリナの多いことであった。コンクール一位とか、舞台演奏の華とも言われている才女たちのうちには、言うを憚《はばか》る種類の汚れ物を、何カ月も押入れに突っ込みっぱなしの人もいたという。そういう妙な知識を持ってテレビなど見ると、思わずスウィフトを憶《おも》い出して苦笑してしまうのである。

女の見てはならないところを見たことによって生じた事件が神代にもあった。これによって、協力して日本列島の国産みをなされた伊邪那岐命《いざなぎのみこと》と伊邪那美命《いざなみのみこと》は決定的に敵対することになるのである。

死んだ妻を黄泉国にまで呼び戻しにいった伊邪那岐

日本の神話における最初の死者は伊邪那美命であった。それ以前の神々については死の記述がない。第一に「死」という言葉自体があったかどうか疑わしいようである。いままでの語源説では「死」は「過《す》ぎ」が縮約されたという説が有力であったが、もう一つの説では「去《さ》り」の縮約形だとも言う。しかし死というような言葉には古代ではタブー感がつきまとっていたに違いないから、外来語の「死」が用いられたという可能性を考えておいてもよいであろう。

シナ語の「死」の語源については、許慎《きょしん》（後漢の文字学者）の説に基づき、藤堂明保《とうどうあきやす》氏が明快に説いておられる。つまり歯を閉じたまま、シーッと言うと、息が歯の間からバラバラに分かれて出るが、その様が死なので、人は死ぬとバラバラになってどこかに散ってしまうという観念がそこにある。

しかし日本の死はバラバラになって散ってしまうのではない。『古事記』では伊邪那美命が火神を産んで死んだことを、「遂神避坐也」（ついにかむさりましぬ）と書いており、『日本書紀』のほうでも「神退矣」（かむさりましぬ）とか、「化去」（かむさりましぬ）としてある。つまり黄泉国《よみのくに》に退去されたのであって、バラバラに散って四散してしまったのではない。ちなみにこの「四」という漢字は、口からシーッと息を出している象《かたち》であり、シーという息が四散するように、人間が消えるのが、シナ人の観念における死なのであるらしいが、日本の伊邪那美命は生きた時のような姿で黄泉国に退去なされたことになっている。

女神伊邪那美命が亡くなられた時、男神伊邪那岐命はひどく悲しがられて、「いとしいわが妻なる命《みこと》よ（愛我那邇妹命乎《うつくしきあがなにものみことや》）、一人の子のためにわが最愛の妻の命を失ったことよ」と仰《おお》せられた。そして女神の御枕元に腹ばい、御足元に腹ばいして悲しんでお泣きになったのである。最愛の妻を産褥《さんじょく》に失った男の悲しみが如実に描かれているではないか。

そこで男神伊邪那岐命は、御妃神なる伊邪那美命にどうしてももう一度お会いになりたくて、その後、黄泉国にまでおいでになったのである。すると亡くなった女神も殿縢戸《とのど》（殯宮《もがりのみや》、つまり遺体を棺におさめ、埋葬までの間、略式に安置しておく仮の宮）からお出ましになってお迎えなされた。その時に男神が言われたことは、「最愛のわが妻のミコトよ、私があなたと一緒に作った国はまだ全部出来上がっていないから、もう一度、現世に還《かえ》ってきてください」という切実な願いであった。この至愛の言葉にうたれた女神はこうお答えになった。

「残念なことには、あなたがもっと早くいらっしゃってくださいませんでしたので、私はもう、この黄泉国のかまどで煮炊《にた》きしたものを食べてしまい、ここの国に属することになってしまいました。しかし最愛のわが夫の命《みこと》（愛我那勢命《うつくしきあがなせのみこと》）が、ここまでお迎えに来てくださったとは、まことに畏《おそ》れ多くもありがたいことなので、もう一度、現世に還りましょう。しかしまず委細《いさい》をこの黄泉国の神様と相談してみることにします。その間、私をご覧になってはいけません」

こう言われてから、再び殯宮のなかにお入りになられたのであるが、なかなかお出ましにならない。そこで男神のほうは待ちかねられて、左の御髪に挿《さ》していらっしゃった目の細い歯のたくさんある櫛《くし》の端の太い歯の一本を折り、それに火をともし、たいまつ代わりにして殯宮のなかに入ってご覧になると驚いた。女神の御体には蛆《うじ》が一面に集まってどろどろにとけかかっていたのである。そして御頭には大雷《おおいかづち》が居り、御胸には火雷《ほのいかづち》が居り、御腹には黒雷《くろいかづち》が居り、御陰部《みほと》には拆雷《さきいかづち》が居り、左の御手には若雷《わかいかづち》が居り、右の御手には土雷《つちいかづち》が居り、左の御足には鳴雷《なるいかづち》が居り、右の御足には伏雷《ふしいかづち》が居り、あわせて八種の雷神《いかづち》が生まれていたのである。死体の上に「雷」がいたということは、何かとてつもなく恐ろしいものがいた、ということである。

雷は今日の「かみなり」ではない。「いか」は「厳」であり「つ」は今日の「の」であり、「ち」はアニミズム的に見て威力あるものに付ける言葉である。つまり雷《いかづち》は「厳《いか》めしの恐ろしきもの」で、要するに「とてつもなく恐ろしいもの」である。それが八種も、腐爛し、蛆が湧《わ》いた死体の上にいたという、とにかくすさまじい光景なのだ。スウィフトのコリナ嬢が裸になった時以上の様である。それであんなにまで愛して、黄泉国まで追ってきた男神も、これを見て胆を潰し、逃げて帰ってしまったのも、無理からぬことであったと言うべきであろう。

伊邪那岐の必死の遁走

そこでおさまらないのは女神伊邪那美命である。「妾《わらわ》に恥をかかせてくれた」と仰せられて、黄泉国の醜い邪神（豫母都志許売《よもつしこめ》）を遣《つか》わして男神伊邪那岐命のあとを追わせたのである。これからの話はいわゆる妖魔からの遁走型の説話形態をとる。

追いかけられた男神はまず黒色の御髪飾りを取って投げ捨てられた。するとそこに野葡《ぶ》萄《どう》が生えた。それを見た黄泉国の醜女《しこめ》たちがそれを食べはじめたので、男神はその間に遁走する。しかし葡萄を食べ終えた醜女たちはなおも追ってくるので、男神は今度、右の御髪に挿していらっしゃった目の細い歯のたくさんある櫛を折って投げ捨てられた。すると今度はそこから筍《たけのこ》が生えた。醜女たちがこれを食べているうちに、男神はさらに逃げて行かれた。

この様子を見られた女神は、自分の体から生まれた例の八種の雷神《いかづち》に、たくさんの黄泉国の軍兵を添えて、男神のあとを追撃せしめられた。それで男神は、帯びていた十拳劒《とつかつるぎ》を抜いて、これを背中のほうで振り廻しながら逃げられたのだが、黄泉軍はなおも追うのをやめず、ついに、この世と黄泉国との国境である坂（黄泉比良坂《よもつひらさか》）の麓《ふもと》に至った。その時、男神はそこにあった桃の実を三つ取り、黄泉の軍兵を待ち受けてこれを投げられたので、彼らは逃げ帰ってしまったというのである。

　こうして男神伊邪那岐命は桃のおかげで命びろいしたので、その桃にこう言われた。

「お前は、この私を助けてくれたように、この葦原《あしはら》の中つ国（日本）の人民たちが、苦しむような羽目になった時はいつでも助けてやっておくれ」

と言って、桃に意富加牟豆美命《おほかむづみのみこと》という名前をお与えになったのであった。

　最後に女神伊邪那美命ご自身が追ってこられた。それで男神のほうは千人もの人がかかってやっと動かすことのできるような大石を、その平坂に横たえて道を塞《ふさ》いで、その大石を真中にして向かい合ってお立ちになったわけである。そして睨《にら》み合いながら離縁を言い渡して夫婦の関係を絶つ宣言をし合うことになったが、その時も女神のほうが先に口を切ってこう申された。

「最愛のわが夫の命《みこと》よ、このようにして夫婦の縁を絶たれるならば、あなたの国の人民を、一日に千人ずつ首を締めて殺しましょう」と。

これに対して男神のほうはこう申された。

「最愛のわが妻の命よ。あなたがそうして一日に千人ずつ殺されるならば、私は一日に千五百人ずつ産みましょう」と。

このために、一日に必ず千人死に、また同じ一日には必ず千五百人の人が生まれることになったという。

このようにして女神は黄泉津大神《よもつおおかみ》、つまり死者の世界の主神となった。一方、男神のほうは、「私はいやな穢《きたな》いものを見た。穢い国に行った。だから、その穢《けが》れを祓《はら》うために、身体の禊《みそぎ》をしよう」と仰せられて、筑紫《つくし》の日向《ひむか》で禊をなされたのである。

女神が亡くなられた時、あれほど嘆き悲しんで、こまやかな愛情を示した男神と、その真情にうたれて、一度は黄泉の者になられたのに、もう一度、甦る《よみがえ》（黄泉還る《よみがえ》）ことにしようとなされた女神が、結末はまったくひどい争いで絶縁になったのである。その急転直下ともいうべき関係の悪化が、「見てはいけない」と言われた状態にある女を見たことによるのであって、これが禁忌なのであった。

「古事記の桃はいまのウメ」という仮説

黄泉国から男神を追っかけてきたのが、豫母都志許売《よもつしこめ》、つまり「黄泉津醜女《しこめ》」であったことも注目に値するであろう。死者の国から、おそらくは髪振り乱して追っかけてくる恐ろしい女と言うとき、そこにはアマゾンのような肉体的な逞《たくま》しさを感ずるわけにゆかない。どうしても魔女（ウイッチ）か、疫病神のイメージである。あるいは巫女《みこ》であってもよい。そしてその追撃を止めたのが桃であったということに今日的な意義をも感ずる。

桃はシナの神仙思想において大切なものらしく、『古事記』のこのあたりの箇所を、シナ思想と関連づけて説く学者が多いが、私は必ずしもその必要はないと思う。当時の桃は、今日われわれが果実店で見る水蜜桃のごときものでなく、むしろ梅の実と大して違わない大きさのものだったろうと思われる。そしてここでは、梅の実としてもおかしくないところである。根本義は、「数多い」という意味であればよいのだから。

「桃」の発音は「百《もも》」に通じ、数が多いことを暗示する。死者の国で一日千人殺す、と言っている時に、男神は千五百人産む、と答えることができるためには、どうしてもうんと実のなる木が出てこないといけないところである。その点、「百の実《もも》」はまことに具合がよいのである。当時の人にとっては、モモチヨロズ（百千万）というのは、ほとんど無量大数《むりょうたいすう》ということとなのであった。

桃も梅もシナ大陸から来たとよく言われているが、これは疑問の余地があると思う。美しい花をつけ、美味《おい》しく改良された果実をつける桃や梅はシナあるいは朝鮮渡来ということも考えられるが、それとは別に、日本列島にもっと古い昔から生えていた種類もあったのではないか。私は言葉の面からそんな推測を立てていたのである。この頃では何でも三千年前ぐらいの縄文土器に混じって、梅や桃の種子が関東地方で発見されているそうだから、考古学的根拠もないわけではない。

日本語にはモクモク、ムクムクなどと、大量のものが湧き上がる状態を指す描写語がある。つまり子音のm《エム》音を二度繰り返すのである。「百」のモモもこれと関係し、多くある状況を指したものであろう。それと同じくm音を重ねた木の実のmomo《モモ》、梅の実のmume《ムメ》などもそれと関係があろう。漢字の「梅」も「毎」が「多」の観念を示す働きをしている。苺《いちご》でも梅でも、その果実が呆《あき》れるほど多くなるのが特徴である。梅はシナ音のmueiからきたという説はやや無理であろう。さらに山桃みたいな原始的な桃の実と、梅の実などは、ほとんど区別がつかないぐらい似ており、古代人もそれほど区別しなかったかもしれない。

日本人は漢字をうんとあとになって学んだので常に適用の不正確さがあったという可能性を考慮に入れておいてよい。「鮎」と書けば日本語ではアユだが、元来の漢字の意味ではナマズを指している。桃という字も、胡桃とすればクルミだし、桜桃とすればユスラウメのことであり、これは梅桃とも書くのである。『古事記』を書写した人が、古代種の日本のウメを桃と表記したということは十分考えられることである。「桃」という漢字をモモと読んだのは後世の学者であり、その頃には梅と桃がいまのように受け取られていたわけであろう。

ここで「古事記の桃はいまのウメであった」という仮説を一応立ててみると、伊邪那岐命が、「日本の民衆（青人草《あをひとくさ》）が苦しむ時は、いつも助けてやってくれ」とこの果実に言ってやった言葉の意味がよくわかる。いまのモモが病気を治すということはまずない。しかしウメなら、昔もいまも効能絶大である。『梅干と日本刀』とか『みそと梅干』などという本が評判になっているのは、それだけの根拠があるのである。

日の丸弁当において、ひと粒の梅干が九十九パーセントの米の酸性を中和し、それによって米のカロリーは食べただけ、ほとんどが吸収されるという。これをもっと栄養学的に言うと、百グラムの白米の酸性を中和させるのに野菜類ならほぼ百グラム必要なのに、梅干はたった一グラムでよいという。そのほか殺菌力があって水当たりしないとか、風邪をひいた時によいとか、梅干はほとんど万能薬である。意富加牟豆美命《おほかむづみのみこと》という美称を伊邪那岐命によって与えられた木の実は、いまで言えば梅だったと考えるとはじめてすっきりするのである。

また、黄泉比良坂《よもつひらさか》の大石は、死神をとどめたので、塞坐黄泉戸大神《さやりますよみどのおおかみ》と呼ばれ、後世のサエの神の信仰の元となった。このサエの神は、村境や辻などに石神として置かれ、村のなかに疫病神などが入ってこないように、村を護《まも》ることになっていた。ここからも豫母都醜女《よもつしこめ》や雷神たちが、人を死者の国にさらってゆく疫病神に見立てられていたことはたしかである。そうすると疫病の予防や治療に卓効のあるウメが登場するのが、やっぱり自然ということになる。

妻の出産を覗《のぞ》き見た山幸彦の悲劇

「見てはいけない」と言っている女を覗《のぞ》き見したために起こったもう一つの悲劇としてただちに連想されるのは、時代が四、五代下るけれども、例の山幸彦《やまさちひこ》（火遠理命《ほをりのみこと》）の話である。彼は海の国に行き、海神《わたつみ》の娘の豊玉毘売《とよたまひめ》（姫）と結婚して帰って、首尾よく兄の海幸彦《うみさちひこ》（火照命《ほでりのみこと》）を降参させるわけであるが、その後、海の国から連れて来た妻の豊玉姫が子供を産むことになった。この時に彼女が言うには、

「すべて他国のものは、子供を産む時になりますと、その故国の形になって産むのでございます。それで妾《わたし》も、いまはもとの形に還ってあなたの御子をお産みするのですが、妾をご覧になってはいけません」と。

ここでもお産というようなクリティカルな場にある女を見てはいけない、という禁忌を出したのである。しかし山幸彦は伊邪那岐命同様に、妻の言うことを聞かないで見てはな

らぬものを見てしまったのだ。

山幸彦が豊玉姫のお産の最中に、密《ひそ》かに窺《うかが》ってご覧になると、彼女はその時に大きな鰐《わに》（八尋和邇《やひろわに》）になって這《は》いまわり、のたくっておられたのである。山幸彦はそれを見て肝を潰し、逃げてきてしまわれた。このことを知った豊玉姫は心のなかでひどく恥ずかしく思われて、その生まれた赤ん坊を残して海の国とこの国との間を塞《ふさ》いで、海に帰ってしまわれたのである。その時、彼女は、「妾はこれまで、海神の国とこの国土の間に往来の道をつけておいて、その間を行き来しようと思っていたのですが、妾の元の形をご覧なられましたのがまことに恥ずかしいことでございます」と仰せられたという。

ここでも、こまやかな愛情を以《もっ》てはじまった夫婦関係が男側の好奇心、覗き見根性によってぶち壊されるという同じパターンになっている。男はいくら愛している妻でも、その死んだところやお産のところは見てはいけない、というのが神話の教えであるが、これは今日どうなっているだろうか。

東京新聞（昭和五十年六月二十七日）の朝刊の「こぼれ話――海外版――」という欄に次のような記事があった。

「日本でも論議される古くて新しい問題〈夫は妻の出産に立ち会うべきか〉が、西ドイツでもこのところ再燃している。全体的には『立ち会うべし』と肯定的な意見をもつ人がふえており、医者や心理学者たちは、産む苦しみをともに分かち、精神面だけでもその苦痛を和らげようという立場から、一般論として〝立ち会い支持者〟が多い。

しかし、現実の問題として、夫のほうが産婦の苦悩ぶりにショックを起こして失神、ときには卒倒する例が少なくなく、ハンブルクの聖ゲオルク病院のマッタイ博士は、気の弱い男性の立ち会いが、かえって病院の足手まといになるマイナス面も強調している。また産婦のなかには、自分が最も苦しい目にあう〝決定的瞬間〟に夫が付き添うことでかえって不安になり、恐怖心をつのらせる向きもある。結局、立ち会うかどうかは、産婦の意思いかんということになる」と。

日本でも進歩的な医者のなかには、夫に向かって妻の出産に立ち会うことを勧める人もいるらしい。私の友人でもそうした男がいる。彼の話では、立ち会っているうちに気分が悪くなって嘔吐《おうと》したという。「しかし苦しみを分かち持ったのはよかったと思うよ」などとあとで言っていた。

そんなことを聞いていると、妻の最大の苦痛の場に居合わせないのは、夫としての情に欠けると言おうか、騎士道精神不足と言おうか、ヒューマニズム精神がないと言おうか、何だか、分娩中の妻の手を握ってやらなければならないように思われてくる。

しかし日本人にとっては、この禁忌はまだ有効であるようだ。というのは、その友人はその後離婚してしまったからである。彼はカトリックであるから、教会のほうではまだ結婚していることになっているかもしれないが、法律上は正式に離婚して別の女性と結婚している。離婚の事情はプライヴァシーであり、勝手な憶測は慎まなければならないが、少なくとも出産に立ち会った彼のヒューマニズムが、少しも結婚生活の維持に役に立たなかったことはたしかである。そして出産に立ち会った妻と、同じ屋根の下に住むことを耐えがたく思うようになったこともたしかである。

豊玉姫が外国人であって、出産の時にその素性《すじよう》を現すという神話は、私の恩師であったC老教授の話をも憶い出させてくれる。C教授の知人に、牧師でイギリス婦人と結婚している人がいた。なにぶんにも大正時代の話であるから、そのイギリス婦人はヴィクトリア朝風に育てられ、まことにしとやかであったという。ところがひとたび出産の時になると、すごいのだそうである。ここでは書けないような汚い言葉を夫に浴びせかけるので、その牧師さんは文字どおり頭を抱えていたそうである。ところが出産がすむとケロリとして、もとのしとやかなヴィクトリア朝風淑女に戻るのであるが、その牧師さんは「西洋の女と結婚するものじゃない、日本の女ならそんなことはないからな」とC教授に述懐されていたという。

すべての西洋婦人がそういうわけのものでもあるまいし、また近頃では、日本の婦人でも泣きわめく人が少なくないと言うから、外国人の婦人と結婚するな、というこの牧師さんの忠告は見当違いであろう。しかしこのキリスト教を奉じた日本男児は、神話時代のわれわれの先祖、山幸彦のごとく出産時に大鰐のように這《は》い回り、のたうち回って罵言《ばげん》を吐く外《と》つ国の妻を見て、驚き怖れたのである。この外国婦人と豊玉姫の違いは、姫はこれを恥じて身を隠されたのに対し、その牧師夫人はヴィクトリア朝的貞淑の仮姿に再び戻ったことである。

近頃よく持ち出されてくるヒューマニズム的な思い付きには、しばしば人類の英知の裏付けのないものが多いから用心しなければならない。女のあまりに危機的な瞬間、あるいはみっともない姿になったところを男は見ないほうがよいという日本神話の禁忌は、いまの世の中においても暗示するところが少なくないだろう。少なくとも安手《やすで》のヒューマニズムよりは、もっと深い意味でヒューマニスティックであるかもしれないのだから。

第5章

家庭の祭主としての主婦

――国を救った天宇受賣命《あめのうずめのみこと》が女であったことの意味

幸福の価値より道徳的義務を重んじたカント

かつて日本文化会議の比較文化セミナーで、山崎正和《やまざきまさかず》氏がしばしばカントの『判断力批判』に言及して注目を引いた。その時のテーマは「日本美は可能か」ということであったのだから、考えようによっては、ここにカントが出てくるのは突飛《とっぴ》なのである。しかし別の見方からすれば、美の問題を論じてカントの意見を参考にしないのはおかしいので、カントやその系統の哲学者たちの美に関する考え方は、たしかにこの問題についての最も根本的な考察であるに違いない。

あのアランも、『芸術論集』の序文において、カントが『判断力批判』のなかで根本的に解決していないような美学の問題は、何一つなかったことを発見したと言っているくらいである。そして自分の本の読者には、もう一度カントのこの著書に戻ることを勧める、と言っているのだ。

自分の芸術論の序文で、他人の本を読んでくれ、と言うのもおかしなものだし、それが他ならぬアランの言葉だったので、その愛読者であった私の記憶にも、その言葉が烙《や》きついていた。アランの忠告に従って『判断力批判』は読まなければなるまいと思っていたが、なかなかその機会がなかった。そんなところに山崎氏のまことに正統的な発言があったので、これをきっかけに読み出したわけである。最初二年で読み上げるつもりだったので、もう読了しているはずだったが、何しろ片手間に読むだけなのでまだ少し残っている。もう九分どおりは終わったのでこの原稿が印刷になる頃は読み上げているであろう。

もちろん私はカントの『判断力批判』を読んで、美学の根本問題を明らかに理解したいと思ったのである。ところがそっちのほうはあまり明らかになったとは思わないのだが、カントが「幸福」というものの価値を低くみて、道徳的義務だけを重んじていることだけは大変よくわかったような気がする。たとえば次のような言葉（篠田英雄《しのだひでお》訳で示す）が繰り返し繰り返し現れてくるのだが、これがどうして美学と連なるのかは、一向に明らかでないのである。

「我々が、創造の究極目的を与えられたものと見なすのは、快の感情や快の総体に係わることではない。換言すれば、我々が創造の絶対的価値を評定するための基準は、我々の安寧や享楽（身体的享楽にせよ或《あるい》は精神的享楽にせよ）ではない、――約言すれば、幸福ではないのである」

「道徳的法則は形式的なものであり、目的（意欲の質料としての）をいささかも顧慮することなく、無条件的に命令するものだからである」

「その場合にかかる努力の結果がどのようなものであろうとも、それは問うところではない。およそ義務を履行することの本旨は、誠実な意志の形式であって、成功を約束する中間的原因ではないからである」

何だか旧制高校生が喜んだような文章で、一般の読者には顰蹙《ひんしゅく》を買いそうであるが、カントがこの世の喜びとか幸福を低く見て、道徳的義務だけを重んじていることだけはわかると思う。このような近代的努力主義は、おそらくプロテスタント的と言ってもよいであろうし、このような考え方がプロイセン・ドイツ軍将校のエトスであったことも理解できる。ドイツ参謀本部では、将校教育にカントを用いていたが、それも当然である。何しろカントは個人の感情には大した価値を置かず、義務の見地からの道徳的命令を至上のものとしたのであった。

戦争は組織的殺人を予想するものであるから、あらゆる人間的感情よりも、義務の遂行をはるかに価値ありとしたカント哲学は、軍国を作るには甚だ好都合である。将校は国王に軍人宣誓をし、王の命令（上官の命令）は絶対義務になる、と言った具合である。

ヒトラー嫌いだったドイツ陸軍が、最後までヒトラーのために働いたのは（暗殺者も出たが）この軍人宣誓のためだったという。ヒトラーのやり方をよくないと思ってもそれは人間の感情の問題であり、国家元首のために働くのは義務であって、この義務は絶対価値を持つということになったのであった。

聖トーマス・アクイナスはカントの正反対

美学の最も根本的な書物を読んでわかったのは、プロイセン的義務だったというのは、大いに的《まと》はずれであるが、近代の思想、あるいは思潮というのが、人間の「喜び」とか、「歓喜の気持ち」とか、「恍惚感《こうこつ》」とか、「愉悦感《ゆえつ》」を軽んずる哲学から生じていることを、ここでも一つ突き止めたのは望外の収穫であった。

誰でもそのタイトルだけは知っているマックス・ウェーバーの名著『プロテスタンティズムの倫理と資本主義の精神』のおかげで、近代の労働観が、プロテスタント、特にカルヴィン派に由来するものであるということは常識になっているが、それとともに、ぜひ、カントの反幸福主義が近代人の物の考え方に及ぼした影響の大きさを考慮に入れなければならないように思う。

幸福感に包まれているということは、カトリックでは至高の価値と考えられていた。たとえば『神学大全』の著者であり、その思考力が人間離れしているということで「天使的博士《ドクター・アンジェリクス》」と言われた聖トーマス・アクイナスの場合は、正にカントと正反対である。

一二七三年、聖トーマスはミサの途中で圧倒的な神秘体験をして、その後は、『神学大全』の口述をやめている。その理由と言うのは、彼の味わった神秘体験にくらべれば、『神学大全』に書いたことなどは愚にもつかぬ戯言《たわごと》に思えてきたからだと言う。つまりカトリック最大の神学体系を作った人が、そういう学問的努力でやったことは、神秘体験の際の圧倒的な幸福感や愉悦感にくらべれば大したことではないというのである。

思索の巨大さにおいて、聖トーマスとカントはここ千年間の両横綱と言ってよいであろう。否《いな》、聖トーマスのほうがより広大深遠であるかもしれぬ。アメリカのグレイト・ブックスの五十四巻中、聖トーマスに二巻を割り当てているのに、カントには一巻だけを割り当てているのは面白いことである。

しかしカントにおいては合理的思索、その体系、それに哲学的努力がすべてであったのに、聖トーマスにとっては、さらにそのうえに、毎日ミサ聖祭を行うことが加わり、さらに神秘体験の喜びがあったのである。つまり喜びが人間的価値の最高のものとしてあったのである。一方、カントは感覚的な喜びのみならず、精神的な喜びまでが、義務とは比較にならない低い価値しかないと考えていた。何という相違であろう。

カントと聖トーマスはその思想が対照的であったのみならず、肉体的にも対照的であった。カントは瘦《や》せてギスギスであったのに、聖トーマスはデブであった。あまりに腹が出ていたので、食卓を腹の分だけ切り取る必要があったとさえ言われている。義務を至高価値と見るか、愉悦の感情を至高価値と見るかによって、顔つきから体つきまで変わってくるのかもしれない。

もちろんカントの義務感は高貴なものであるが、愛や喜びにあまり心を向けず、義務遂行だけしかやることがあまりないと言ったのがプロイセン・ドイツの悲劇であったし、こうしたメンタリティは、多かれ少なかれ、近代の高能率社会を支配してきていたわけである。別の言葉で言えば唯勤労主義であるが、これが行きづまったことは誰の目にも明らかになってきている。義務至上主義、唯勤労主義、唯奮闘主義から少し離れてみて、つまりカント離れしてみて、人間の価値、あるいは人間の行為の価値を考えなおしてみると、そこには本物の価値転換が起こるのである。

なぜ神は、アダムにイブを与えたのか

このような視点から見ると、旧約聖書のアダムとイブの話もたいへんわかりよいものになる。神はまず最初にアダムをお作りになったのであるが、そのアダムが一人でいるのを御覧になって、「人が一人でいるのはよくない。彼に合うような助け手を作ってあげよう」と言われたのである。

エデンの園は「楽園」ではあったが、アダムはそこに一人で置かれていたのであるから、さびしくてしょんぼりしたような顔つきをしていたのではあるまいか。それでイブを作ってアダムにお与えになったということは、神の関心が、アダムを喜ばせることにあったと考えてよいであろう。そしてアダムとイブの二人は裸体であることも気にしないで、愉悦の状態で毎日生活していたのだった。

つまりユダヤ・キリスト教だって決して元来はカントのようには考えていなかったのである。そして、この至福の状態を維持するための最低の義務として、例のリンゴを食べるな、ということがあったにすぎない。義務のために人間が存在しているようなものではなく、まず第一に存在の楽しみがあって、それを守るためのほんのちょっとした義務がついていたと解釈すべきである。

イブが創造されたのは、なにもアダムと競争するためでもなければ、二人で働いて儲《もう》けるためでもなかった。一人で存在するより二人で存在するほうがより幸福度の高い存在ができたからである。楽園というのは存在することが愉快であること、存在することの楽しさを満喫できる状況という意味であろう。

お祭りの起源としての天《あめ》の石屋戸《いわやと》物語

カント哲学の根本的欠陥は、そのなかに「お祭り」を置く余地がないことであろう。この場合の「お祭り」というのは厳粛な意味の宗教儀式ということに意味を限らず、いわゆる「お祭りさわぎ」まで含めて考えたい。

先にも記したとおり、戦後しばらくの頃まで、日本の山村の楽しみごとは、鎮守の社《やしろ》のお祭りぐらいのものであった。実に日本の氏神はコミュニティの人々に対して、存在の喜びを与える最大にしてほとんど無比の機会を提供してくれていたのである。村人たちは奉納相撲などをやった。神様を喜ばせようというので、相撲大会を境内《けいだい》でやるのであるが、本当に楽しんでいるのはもちろん村人たちである。同じことは神楽《かぐら》でもそうだが、元来は神様を楽しませるつもりのものが、人間を喜ばせる働きを持っていたのである。そこには先祖神と村人との結構な関係があった。

この原型はもちろん皇祖神である天照大神《あまてらすおおみかみ》が、建速須佐之男命《たけはやすさのをのみこと》の乱暴な行為を恐ろしく思われて、天《あめ》の石屋戸《いわやと》におはいりになったという、あの神話にも見られる。天照大神が岩穴のなかに姿を隠されたので、みんなが困ってしまった時に、天宇受賣命《あめのうずめのみこと》が神前舞踏をやったのである。その時の情況を『古事記』は次のように描写している。

「天宇受賣命は天香山《あめのかぐやま》の天の日影を襷《たすき》にかけて、天のまさきを鬘《かずら》として頭を結び、また天香山の笹葉を幾本か束《たば》ね結んで手に持ち、中が空洞な台にあがって、その上で足拍子をとって音を立て、憑《つ》き物がいて正心を失ったような様子をして、乳房をあらわにし、裳《すそ》をまくり上げて、紐を陰部の前に垂れさせ、滑稽な踊りをなさった。これを見て高天原《たかまがはら》も鳴りひびくほど、多くの神々が一緒になってお笑いになった……」

あまり賑やかにみんながさわいでいるので、何事だろうと思って、天照大神が岩戸を少し開けその内から、「自分がこの石屋戸のなかに隠れているのであるから、外は真闇であるはずなのにどうして舞踏や音楽をやり、みんなが賑やかに笑っているのか」とお聞きになると、天宇受賣命は「あなた様にもまさって、高貴な神がいらっしゃいますので、笑い楽しんでいるのです」と答えた。こうしている間に、天児屋命《あめのこやねのみこと》と布刀玉命《ふとたまのみこと》が八咫鏡《やたのかがみ》をさし出して天照大神に見せると、大神はますます不思議に思われて少し石屋戸からお出になって御覧になったので、その時、戸の側に隠れて立っていた天手力男命《あめのたぢからをのみこと》が、大神の御手を取って石屋戸から引き出した、というのである。

これ以来、日本の国が明るくなったというのであるから、この神前舞踏は救国のダンスということになる。そしてこれが神楽の起源でもあり、村祭りが賑やかな、文字どおりの「お祭りさわぎ」になるのであるから、日本の民俗の源流と言ってもあながち誇張ではないと思う。この舞踏をなさった天宇受賣命は猿女君《さるめのきみ》の先祖神ということになっているが、このこと自体、日本の芸能の起源が神事にあったことを示している。

神様の社にコミュニティの人たちが集まって賑やかにさわぎ、芸事をやることがのちの芸術の諸分野の起源になったことは、日本だけの話でもない。イギリスの演劇が中世のカトリックの祭礼から出てきたことは常識になっているし、ギリシャなども似たようなものであったようである。プラトンは祭礼の日というのは、働くべく生まれてきた人類を神が憐《あわれ》れんで、その労苦を慰めるために作ってくれたものだと言っているくらいである。

特に日本の場合は、その主役が天宇受賣命という女神であったことが面白い。そこには芸事でみんなを喜ばせるのは女性であるという古代日本人の考え方が反映されていると考えられるからである。私の田舎では、いまでも春秋二度は、「神遊びをさせる」と言って、ミコ（巫女）に頼んで先祖の霊に話をさせるのであるが、ミコはもちろん女性である。神事を離れても、人を喜ばせる芸能は主として女性のものであった。そして農耕や漁撈《ぎょろう》のような生存するための必要な労働は主として男がやっていた。

古代、および伝統的な社会の男女の分業というのは、大ざっぱに言って、義務として働くのは男で、自分の周囲のものを喜ばせるのは女であった、と言ってもよいであろう。

なぜ西洋の家庭では、奥さんがピアノを弾《ひ》くのか

もうずいぶん以前のことであるが、進化論で知られるダーウィンの伝記を読んでいた時、ダーウィンが夕食後に、奥さんに小説を読んでもらうということが書いてあったのでびっくりしたことがあった。しかしそのうち、西欧の家庭では、家族のためのエンターテイメント、すなわち、夕食後などに家族を楽しませるのが、主婦の主要な仕事と考えられていたことを知った。

なるほど考えてみると、昔はラジオもテレビもないわけであるから、夕食後の時間をどうして潰《つぶ》すかはいまより難しかったであろう。人手の多かった時代とて、主婦に食後の後片づけなどはないから、家族をいかに楽しく過ごさせるかに関心が集中する。

奥さんがピアノを弾《ひ》けるということはまことに重要である。いまならばステレオで大家の名演奏を聞き慣れているから、下手な奥さんのピアノなど聞けるものか、ということになるかもしれないが、ついこの間まではそんなものはなかったのであるから、多少弾けるぐらいのピアノでも大いに貴重であった。ルノアールか誰かの絵にピアノを習っている娘を描いたものがあったが、そういう背景を考えてみないといけない。奥さんの弾くピアノや、それと合わせて歌う娘などのいることが、家庭らしいイメージを作る重要な要因になっ

ていた。

そしてついこの間まではそういう西洋が日本の手本でもあったと言えるであろう。女子高等教育というのは、そういう夢を若い女性に与えることを目的の一つとしていたのである。何もピアノに限らないのであるが、子供とゲームなどして遊ぶというのが母親像としてできかかってきていた。

私の友人の家庭でも奥さんが女子大出のとびっきりの才媛などという家の子に、知的なゲームの上手な子が多いようである。ひとのうちの家庭のことはわからないが、おそらく奥さんが子供とよく遊んでやっているのではないか、などと考えている。子供というものは親と遊ぶことが好きなものであるから、主婦が家庭のなかのエンターテイメントの中心であるような家では、子供も家庭が好きになるのは当然である。

主婦の家事を「労働」ととらえたことの過《あやま》ち

ところが、このようなあり方が最近では根本から崩れてきているように思われる。というのは、家庭のなかのエンターテイメントの中心としての主婦の役割は金銭で支払われない。これが「金には換えられない価値」というふうに解釈されているうちはよかったが、近頃では「金にならないから価値がない」というふうに解釈されだしてきているようである。

家庭以外の社会の仕事にコミットして、そこから賃金をもらうようでないと一人前でないような考えがひろまってきているのではないだろうか。私の知っている何人かのアメリカの若い夫人たちは、家庭にとどまっていて子供を育てるだけでは、「自分を不適、無力（イナディクゥイット）に感ずる」と言っていたが、同じようなことは日本の若い夫人たちにも言えるのではないかと思うのである。

これは主婦の仕事を「家事労働」と定義してしまったので、同じ労働なら金になる労働のほうが、つまり家庭外労働のほうが、より人間としての尊厳のために望ましいと思われてきたのであろう。しかし主婦の仕事を「労働」と思ったところに、近代の社会学者の大きな間違いがあったのではないかと思う。主婦の仕事は元来、「労働」ではなくて、「家族を楽しませる」ことにあったのである。家事労働というのは、昔だってあまり主婦はしなかったのである。いまは人手不足でそれが大きな問題に見えてくるようになったにすぎない。

朝の四時頃に起きてかまどに苦心して火をおこし、井戸から水を汲むことから一日がはじまる時代の「家事労働」にくらべれば、タイム・スイッチ付の電気釜でメシが炊ける現代においては、昔の意味での「家事労働」などはなくなったと考えたほうがよいのである。

実質的な労働がなくなったのに「労働」などと言っているからフラストレイションが起こるのである。

たとえば、私の家内が蒸発したとでも仮定しよう。私は一家を維持していくための「家事労働」に苦しむであろうか。そんなことはまずは絶対ないと言ってよい。たとえば朝も水道があるから水は汲む必要がないし、朝飯は抜いてもよいし、パンにしてもよいし、電気釜で炊いてもよい。大型冷蔵庫でもあれば、一週間や十日ぐらいの食糧をぶちこんでおけば適当に食うのに事欠かない。昼は外食でよい。夜は食べると太るから、どっちみちごちそうがあっても生卵と梅ぼしとトロロコンブで私は満足である。洗濯物は完全自動の洗濯機にぶちこみ、しぼり上がったものはドライヤーに入れておくだけで、それをさらにタンスに入れる手数もはぶいてよい。風呂はガス湯沸器のシャワーでよいし、掃除は三月に一ぺんぐらい掃除機をかければよいだろう。

つまり妻が蒸発しても私に降りかかってくる家事労働の量などは、ないと言ってもよいくらいにしれたものである。これは私の強がりでも何でもなく、私はアメリカの家族用の教員宿舎に一人で生活していた時も、いま述べたような調子でやって、家事労働からの何の苦痛もなかったし、家事労働などというものの存在そのものを感じなかった。

にもかかわらず、私が妻を必要とするのは、アダムがイブを必要とした意味で必要とするのであって、家事労働などのために必要とするのではない。主婦の意味は労働者としての意味ではなく、一にも二にも精神的なものなのであり、セックス・パートナーとしての意味すら最重要ではないだろう。家事労働ならば機械で十分だし、セックス・パートナーとしての意味すら最重要ではないだろう。家事労働ならば機械で十分だし、それで足りなかったら通《かよ》いの人でも頼める。セックス・パートナーなら、そっちの分野にもプロがいるであろう。

しかし主婦の意味はそういうものではない。それはまず「祭りの中心」としての意味である。この場合の祭りというのは子孫を作ることである。子孫が絶えれば先祖の祀《まつ》りが絶えるという意味において、主婦は単なるセックス・パートナーとは決定的に違うのである。これは「お祭り」の根源的な意味において、主婦の持つ意味である。

第二には、副次的な意味での「お祭り」の中心が主婦なのである。イギリス人は各人の家庭は各人の城だと言うとのことであるが、われわれは、「各人の家庭は各人の社《やしろ》である」といってもよいであろう。治安がよければ家庭は城である必要はないが、常に社であるべきである。

一年中を通じて辛い労働をしなければならなかった昔の山村や農村において社が唯一のお祭りの場であったように、今日の高能率社会・受験競争時代において、唯一のお祭りの広場である社は各家庭であらねばならぬ。そこでの主婦の第一の任務は、労働者のそれではなく、天宇受賣命の役割なのである。別に家庭中で恍惚《こうこつ》のダンスをしてもらわなくてもよいが、家庭内のみんなの顔を明るくし、家を笑いで満たすようでなければならぬ。主婦の立つ原理は、賃金社会での有能さでなく、お祭りの喜びの原理である。カントの原理でなく聖トーマスの原理なのである。

いまこそ必要な「喜びの原理」の復権

戦後久しく、アメリカで最も尊敬された婦人は疑いもなく、フランクリン・ルーズベルト大統領夫人エリナ・ルーズベルトであったと思う。ルーズベルトのあとを継いだトルーマン大統領は彼女を国連代表に送ったが、ここで彼女は人権委員会の議長をしていた。そして国連の世界人権宣言が加盟諸国に拘束力を持つようにしようと努力した。その影響力は大きく、彼女の知力も抜群であったことはたしかである。そして人権宣言の内容自体はまことに立派なものであって、誰も文句のつけようがない。

しかし、人権宣言の内容とは別に、文句のつけようのない立派な建前論をふりまわす女性に対しては、ある種の疑惑を抱いていたので、ひょっとしたら、ルーズベルト夫人もそうではないかなと密かに思っていた。ところが最近続々と出てきた伝記によって、私の予感は裏付けられたのである。

簡単に言ってしまえばルーズベルト夫人はひどい冷感症だったのである。娘が結婚する前に、「セックスとは、女が耐え忍ばねばならぬサムシングである」と忠告したというのであるが、これは彼女にとってはセックスは、辛い辛い義務であり、仕事であったことを示している。であるから夫の浮気が発覚した時、彼女は「夫とはベッドをともにしなくてもよい権利」を要求したのである。つまり彼女には、女として体験しうる最大の愉悦感も恍惚感もなかったのである。

これは甚《はなは》だしい怨《ルサンテイマン》みを生むのだ。下世話にいう、「女の喜び」を知らなかったのである。特に男に対してのルサンティマン、女であることに対してのルサンティマンが大きい。ニーチェやシェーラーの天才的洞察が示すように、ルサンティマンが価値の見なおしをする時があるので、いちがいにそれを低く見ることは間違いであるが、やはり主張の動機を考える必要があると思われる。

たとえば彼女は大統領夫人として前例のない活発な運動をやって、「進歩的」な主義のために働き、物議をかもしたくらいである。彼女は対外的に活動したかったのであるが、夫人としての喜びを感ずることなく、しかも夫には怒っていて、夫に喜びを与える気もなかった夫人としては、それよりほかに、やることがなかったということになる。

彼女は家事労働をする必要がなかったのであるから、主婦としての「喜びを与える役割」を洞察せず、これをも拋棄《ほうき》したとすれば、家庭という「やしろ」のなかでは存在理由がまるでないということになる。それで目を外に向けた時、職業の大部分が男に占められているのを発見し、大いに不平等感を持ったのだと推察される。

男女の間にはたしかに不当差別が存在する面があるが、また正当差別と見なければならない面もあろう。たとえば男が収入となる仕事を持たないことは、義務を怠っていると考えられる。男が「私は家事をやり、家族に喜びを与えていますIなどといっても、「働かざる者は食うべからず」などと言われてしまいそうである。

しかし、女性が収入と直接連なる仕事を持たなくても、子供を育て（先祖の祀り）、家族一同に喜びを与える（家のなかの祭りの広場）ということをやってくれるならば、「働かざるものは……」とは言われない。

「喜び」を自らの内に持ち、それを周囲に放射して、周りの人々が「存在の喜び」を感ずるようにするのは、金銭にはならぬが、金銭には換えられぬ貴いものである、ということは、古来、文明を持った人類の常識であった。しかしこの常識がカント以来、あぶなくなってきたように思われるのである。勤労や義務には価値があるが、喜びはつけたりといったような考え方が、知らない間に新しい通念になってきているらしいのである。

カントの哲学をバックボーンにしたプロイセン・ドイツがすぐれて男性的社会であったように、近代の一般社会もプロテスタント的労働エトスによって、男性的原理で動いてきた。しかしいまやその原理は根本的に問いなおされなければならないと識者は言っているのに、ある種の女権論者たちは、男性原理にコミットすることを女性の解放だと思っているらしい。

しかしスポック博士も言うように、男と同じことをやる女が増えるだけではほとんど無意味であろう。われわれがいま、何よりも必要とするのは「喜びの原理」の復権である。つまり、主婦の仕事を家事労働としか見られない心の貧しさからの解放である。

第6章

万世一系の皇統の起源

——神武天皇の母と祖母は外国人だった

日本の伝統に反した明治政府の廃仏毀釈《はいぶつきしやく》

昭和五十年の秋、天皇皇后両陛下がアメリカを訪問なされることになり、その日程が決まったということを新聞で読んだ。両陛下は数年前にヨーロッパを御訪問になっておられるから、今度は二回目の海外御旅行ということで日本人も特に大騒ぎしないでそれを受けとめている。しかし戦前はそうでもなかったのである。

大正十年、今上天皇（昭和天皇）がまだ皇太子であられたころ、欧州御巡遊に出られた時は大変な騒ぎであったと聞いている。御訪欧を阻止するため、東京から横浜への鉄道の上に体を投げ出そうという計画を立てた右翼団体もあったという。日本の皇位に即《つ》かれる予定の方が外国に出られる例がないことや、万一のことを心配してのことであったらしい。

戦後もやはりその精神が続いていたようであって、天皇が御外遊になるという案は、なかなか実現されなかった。著名なる某外交官が、「日本の天皇が国外を動き回られないことは、日本の外交に千鈞《せんきん》の重みを加えるものである」と言っていたのを読んだ記憶がある。もしこの考え方が正しいとするならば、日本の外交は、ここ数年来、急に軽くなったことになろう。たしかに毛沢東《もうたくとう》は一歩も国の外に動かない。それなのに列国の元首たちが北京を訪ねるのは相当に異様な風景であって、それは北京外交に千鈞の重みを加えているものかもしれない。

しかし日本の元首が動かないというのは歴史的に言ってあまり正しくないであろう。古代日本の正史によれば、初代の天皇は大和に自ら攻め入って来たわけである。それは別としても神功《じんぐう》皇后の三韓征伐といわれているのがある。皇后はもちろん天皇ではないが、夫の仲哀《ちゆうあい》天皇の亡きあと、次の応神《おうじん》天皇までの間の主権者であったことはたしかであるから、女帝と見なすことも可能なくらいである。事実、『日本書紀』巻第九はちょうど、天皇を扱うように扱って、まるまる一巻をこの皇后にあてているのだ。それで水戸の『大日本史』が出るまでは、神功皇后を女帝として数える学者も少なくなかったと聞く。

何はともあれ、日本の皇后（あるいは女帝）が外国遠征に出かけたことだってあるのである。この意味で日本の天皇が外国に出かけないのが伝統だ、というのは不正確な認識であると言ってよいと思う。

こんな例を挙げたのはほかでもない、日本の伝統というものについて、案外いいかげんなことが常識になっているように思われてならないからである。たとえば明治維新の理想自体にも非常におかしなところがあった。

たとえば廃仏毀釈《はいぶつきしやく》であるが、神道と仏教が相容れないというのはまったくの誤解であった。普通の人々は王政復古というから、平安朝以前の政体に戻すことだと思っていたわけだけれど、実際は、仏教渡来以前の日本に戻すことであったらしいのである。

日本では用明《ようめい》天皇が六世紀の末に仏教に改宗なされて以来、皇室にも仏教が入り、しかもそれが神道を滅ぼすものでもなかったのである。たとえば六八五年に大和法起寺《ほっきじ》に三重塔を完成させ、全国の家に仏壇を作って仏像を拝むように命ぜられた、あの仏教信仰の深い天武《てんむ》天皇が、それと同じ年に伊勢神宮の式年遷宮《しきねんせんぐう》をお決めになったなどというのは、その典型的な例である。

もし皇室が神道以外の宗教と関係を持って悪いというのならば、聖徳太子《しょうとくたいし》をはじめ、東大寺をお建てになった聖武《しょうむ》天皇でも光明《こうみょう》皇后でも、すべてけしからんということになり、日本文化はあらかた否定されなければならないことになる。しかるに、明治維新は皇室から仏教を切り離し、廃仏毀釈を敢行したわけだから、聖徳太子をお札に刷って記念するのも本来ならばおかしなことであったのだ。

明治維新が偉大な国民的達成と考えられる一方、奇妙な偏狭さを持ち、それが日本の悲劇に連なっていったこともたしかである。それに反して日本の真の伝統というのは古代までさかのぼると、今日ではちょっと考えられないほどの多様な可能性を持っているのである。たとえば戦前に天皇の国外旅行を許すような考え方が日本側にあって、ルーズベルトやチャーチルや蔣介石《しょうかいせき》と面談などされていたら、歴史は別のものになっていたのではないだろうかと思うのである。事実、戦後になって、天皇がマッカーサーを訪ねられて面談なさると、マッカーサーはその考え方を大きく変えて親日的な占領政策に傾いて来たと言うではないか。

日本では、なぜ左が右より格上なのか

伊邪那岐命《いざなぎのみこと》が黄泉国《よみのくに》から帰られた時に、穢《けが》れを祓《はら》うために禊《みそぎ》をなさった。その時にいろいろな神々が生まれたが、最後の三柱の神が最も重要である。つまり伊邪那岐命が左の目をお洗いになった時にお生まれになった神様が天照大神《あまてらすおおみかみ》、右の目をお洗いになった時にお生まれになった神様が月読命《つくよみのみこと》、また次にお鼻をお洗いになった時にお生まれになった神様が建速須佐之男命《たけはやすさのをのみこと》である。

昔から大切な子供は「目に入れても痛くない」などと言うけれども、その目から生まれたり、また顔の真ん中にある鼻から生まれたりした神々は特に重要な神々であったに違いない。

実際『古事記』には伊邪那岐命が大喜びして言われた言葉として「自分は多くの子供をいままで産んだが、最後に三柱の尊くすぐれた子供（三貴子）を得た」と書いてある。そして天照大神には高天原《たかまがはら》を、月読命には夜之食国《よるのをすくに》（月の世界）を、そして建速須佐之男命に

は海原《うなばら》を統治させたのである。そしてこの三神のうち、月読命はその後の日本史と関係がなくなるが、他の二神は直接、わが国の建国神話にかかわってくる。

「三貴子」が特に尊い神であるというのは、かなり普遍的な神話の構造である。ゲルマン神話においても、祖神からエルミナズ、イングワズ、イストラズの三神が生まれ、それぞれ天と地と大気を支配したことになっている。

そのうち天の神エルミナズを氏神としたゲルマン諸族のなかには、いまの北イタリアにロンバルデアを建国したランゴバルデン族、いまのチューリンゲン地方に定住したヘルムンドウーレン族、いまのバイエルンに定住したマルコマンネン族、いまのシュヴァーベン地方に定住したアレマンネン族などがある。

また地の神イングワズを氏神としたゲルマン人にはエムス川左岸、北海の諸島に住んだフリーゼン族、エムス川とエルベ川の間に定住したザクセン族、ホルシュタイン地方や付近の島々に住んでいたアングル族がいた。また彼らはイギリスの島に移住してアングロ・サクソン族を形成するに至った。

またイストラズを氏神とした種族にはフランケン族があり、彼らは南進してフランスを建国したり、ライン川流域に定着してオランダやウェストファーレン地方の住人になった。

日本との対比で言えば、天の神エルミナズは高天原を支配した天照大神に当たり、その子孫であるバイエルン族（ミュンヘンやウィーンあたりの種族）はさしずめ、日本なら大和民族といったところである。地の神イングワズは、日本ならさしずめ海を支配した須佐之男命に当たり、その子孫であるザクセン人やアングル人、したがってアングロ・サクソン人は、日本なら出雲《いずも》族に当たる。また大気の神イストラズは日本ならさしずめ月の神の月読命に当たり、その子孫であるフランケン族は、日本の場合は諸説があって一定しないが、久米邦武博士などの説によれば、シナの福建省か海南島あたりの住民ということになる。

このように三人兄弟の神がいて、それぞれの神を氏神とする種族がいたという点では日本人もゲルマン人もそっくり同じだと言ってよい。古代のゲルマン人の宗教を見ると、神社の建て方から、祭式の相当こまかいところまで日本そっくりでびっくりさせられてしまう。もちろん日本人とゲルマン人が関係があったと主張するわけではないが、宗教の種類が同質のものだったと思われる。

民族・部族の先祖となる神が三人であるのは、天・地・大気とか、日・月・海（地）という自然界の区分に対応したものであり、それぞれのテリトリィを主宰する神を配したのであろうが、また一つには、古代にあっては三つ子、すなわち品胎児《ひんたいじ》が神聖視されていたという事実によるものかもしれない。日本では記紀に三貴子があるためか、品胎児は神聖視され、ある種の女官は品胎児に限られていたとも言うし、また逆に品胎児が生まれると、宮廷に勤務を願い出るということもあったらしい。

また日本の三貴子のうちでも、左眼から生まれたのが天照大神であったということは古代の日本では「左」を重んじていたことと関係があるだろう。

これはやや珍しい現象である。というのは西洋では「右」は「正《ライト》」であり、左は「凶《スニスタ》」である。古代シナ、少なくとも漢《かん》代では「右」を重んじていたので、「右職」と言えば高官のこと、すなわちよい意味であり、「左官」と言えば、天子を捨てて諸侯に仕えるものということで、悪い意味に用いられていた。

しかし日本では、何しろ左眼から皇室の先祖神がお生まれになったという伝承があるから、「左大臣」は太政官の長官で一切の政務を統轄して「一《いち》の上《かみ》」と称せられたのに反し、「右大臣」は左大臣の次に位する太政官である。シナでも後魏《こうぎ》や北斉《ほくせい》では左を重んじた例もあるとのことであるが、日本のように、左が長官、右が次官というような明白な差はなかったように思われる。

ここで面白いのはゲルマン語の「左」を示す単語である。英語の「レフト」は元来は「力《ちから》が弱い」という意味であり、ドイツ語の「リンク」も同じ語源的意味を持っている。しかし古いドイツ語においては、この「左」に「幸運なる」という形容詞がついていることが多いのである。これは占いや祭式で左を「吉」としていたことを示してローマとは逆である。

「弱い」という意味の単語が「吉」であるというのはいささか奇妙であるが、日本でもまさしくそうなっているのである。日本語の語源には諸説が多いが、それでも「ひだり」は「肘《ひじ》おこたる」とか「引き垂《た》る」から、左手の力の弱さを示すところから由来するという説が多い。何はともあれ、左手が一般に弱いことはたしかであるのに、それが尊ばれたり幸運とされたりしたのは不思議である。

不思議と言えばこれと似たようなことが『古事記』にはもっとある。それは天照大神と須佐之男命が争いのあとに、仲直りの誓約をするため、天安河《あめのやすかわ》でお互いに持ち物を交換してそれから子供を作り合った時のことである。天照大神のほうは、須佐之男命の剣をもらってそれを三つに折って三柱の女神を作られた。須佐之男命は天照大神から左の髪につけてあった宝玉をもらい、それから五柱の男神をお作りになった。そして剣から生まれた女神は、須佐之男命の持ち物から生じたのでその剣の持ち主の子であり、宝玉から生まれた男神は天照大神の子であるとされた。その時、須佐之男命はこう言っておられるのだ。

「私の心は清く正しいので、私は手弱女《たわやめ》（女の子）を得ました。この結果を見ると私の勝ちです」と。

心が清く正しい（清明《あか》き）ゆえに、弱い女の子が生まれた。だから勝負は勝った、というのは今日から言うといささか不思議な発想である。これについて国学者の解釈はあるのだが、どうも詭弁《きべん》に近い苦しさが見える。

これはすなおに読めば、左↓弱↓女という系列がよいので、右↓強↓男の系列はよくないということになる。これはほとんど老子《ろうし》の思想にも出てきそうなパラドックスである。たとえば老子の道徳経に、次のような文句が見える（永野芳夫訳による）。

夫佳兵者　不祥之器　　佳兵は不祥の器である。
物或悪之　　それは常にみんなから憎まれる。
故有道者不処　　故《ゆえ》に有道の者はそれを避ける。
君子居則貴左　　君子は平時に居ては左を貴ぶが、
用兵則貴右　　兵を用いる場合は右を貴ぶ。
……
吉事尚左　　吉事には左を尚《とうと》び、
凶事尚右　　凶事には右を尚ぶ。

この老子の観点から見れば話はよくわかる。右手は強く、武器を用い、人を殺す時に使うから凶なのである。天下泰平で武力を用いる必要がなく、神の祀りをやる時は左手でよいということになる。その平和の象徴として女神の生まれたほうが勝ちとなったのである。

老子と『古事記』の直接の関係を言う必要はないであろう。しかし同じパラドックスが働いていると言わねばなるまい。それは「剣によって立つ者は剣によって滅ぶ」という考え方にも一脈通ずるのである。おそらくこのような伝統があったればこそ、日本は古代においても女性の地位が高く、それがあったればこそ、世界史に比類のない女性文学が平安朝に咲き出る遠因となったのであろう。日本最古の書物が、弱と左を尊び、女神を高天原の支配者としていること自体、日本の最高支配者は元来は好戦的ではなかったのであろう。この意味から言うと、日本の支配階級が、左手に手綱、右手に剣をふりかざした騎馬民族であったとは信じ難いのである。

皇統は養子に起源を有する

天安河《あめのやすかわ》での仲直りのやり方も、よく考えてみると、理解しにくいものである。天照大神は須佐之男命の剣をもらって、それを三段に折って三柱の女神をお作りになり、須佐之男命は天照大神の髪かざりの珠をもらって、五柱の男神をお作りになったことは前に述べたとおりであるが、その女神たちと男神たちの帰属が面白いのである。天照大神は須佐之男命に向かって、次のように仰せられたと『古事記』に書いてあるのだ。

「この後に生まれた五人の男子は、その種が私の品物によって生まれたのであるから、当然、私の子供である。はじめに生まれた三人の女子は、その種があなたの品物によって生まれたのであるから、あなたの子である、と弁別なされた」と。

生理学的な常識から言えば、男の物種《ものだね》によって女から子が生まれるのであるから、男が生まれた子供に対して所有権を主張するということはわかる。しかし女の物種によって、男から子供が生まれるということはない。これは多分、次のように解釈すべきではあるまいか。

天照大神と須佐之男命が夫婦であったことは諸説が一致しているし、『古事記』のなかにも、須佐之男命の言葉として「吾は天照大神の伊呂勢《いろせ》なり」というのが挙げられてあるから間違いないことであろう。すると、三柱の女神も五柱の男神も、ともに両神の子供でなければならない。ただ古代の信仰から、男の子が生まれたら、その物種は女親のものであり、女の子が生まれたらその物種は男親のものであるという習慣があったのではなかろうか。

後世の観念からすれば、男の子は男親に属し、女の子は、女親に属するのが当然のようであるが、それはあくまでも後世のことであり、うんと古い神話時代には、その逆だったと考えうる根拠がないわけでもない。

先に日本の古代の信仰と、古代ゲルマン人の信仰とが異様な類似性を示していることを指摘したが、そのゲルマン語、したがっていまのドイツ語において、「太陽《ゾンネ》」は女性名詞であり、「月《モーント》」は男性名詞である。これは通念に反するようであり、そのへんの早とちりが「昔は太陽は女性であった」とか「原始において女性は太陽であった」というような発想に連なってくるのだと思うが、実態はそれほど単純ではない。

ドイツ語では「昼《ターク》」が男性名詞であり、「夜《ナハト》」が女性名詞である。したがって神話的世界像のなかにおいて男性として表象されていた「昼」に配されているがゆえに「太陽」は女性なのであり、女として表象されていた「夜」に配されているので「月」は男性なのである。

つまり古代ゲルマン神話の世界観では、ペア（対《つい》）になっているものは男女の性に配分されていたことになる。すると他の点において類似の構造を示す古代日本神話においても、同じようなことを考えてみるのも参考になるのではあるまいか。

天は誰が考えても父的・男性的であり、地は母的・女性的である。日本の最初の夫婦神であった伊邪那岐命（男）が天と考えられ、伊邪那美命（女）が根の国（地）と考えられたのは自然である。ゲルマン神話でも（また他の多くの神話においても）、天は父で地は母である。すると天（男性原理）に配するものが女神であってよい。天照大神が高天原の支配者となったのは、ドイツ語の「昼《ターク》」に対する「太陽《ゾンネ》」と同じ型である。また月読命、つまり月神が男であるのは、「夜《ナハト》」に対する「月《モーント》」と同じである。したがって、われわれは日本の神話を読む時は、ペアの発想法をいつも考慮に入れておく必要があろう。

ひとたびペアの見地に立てば、神代の日本人が、男の子は母親の物種から生じ、女の子は父親の物種から生じた、と考えていたろうという推察が成り立つ。そして天照大神と須佐之男命が喧嘩した時も、男の神は、妣《はは》の国なる出雲へと追い払われるのである。

ところが、話はこれだけではなく、もっと複雑になる。というのはこの事件に関して『日本書紀』には『古事記』とは違ったことが書いてあるからである。天安河で姉弟で睨《にら》み合うところまでは同じであるが、その時、須佐之男命は、自分には高天原を奪い取る意図がないことを証明するために男の子を作ってみせると言ったのである。そしてあとは『古事記』と同じく、弟神は姉神からもらった珠によって五柱（一書には六柱）の男神を作り、姉神のほうも弟からもらった剣によって三柱の女神を作った。すなわち『日本書紀』のほうは、男は男に属し、女は女に属すというふうになっているのである。

この理由は、『古事記』のほうには、ペアの発想が生き生きとしている古い基層の伝承を示し、『日本書紀』のほうは、ペアの発想は薄くなって、より新しい常識による変容を受けた伝承を記載したものと一応考えることができよう。

しかし男は男に属し、女は女に属するという原則でいくと一つ困ったことがある。というのは天照大神の子が女で、須佐之男命の子が男であり、しかものちの神代の皇（神）統は、男系の男子が継いで初代の神武天皇に至っているからである。どうしてそうなるかと言えば、天照大神は須佐之男命の作った五柱の男神を養子にしたからである。『日本書紀』には「乃取而子養焉」（すなわち取りてひたし給う）とある。つまり「養子」にしたということであった。真相はペアの発想の時代の神話として『古事記』のほうが正しい、あるいは元の姿に違いないと思うが、ペア発想を追体験しない伝承では、系図上、どうしても「養子」という考え方を入れざるをえないのだ。

何はともあれ『日本書紀』は正史である。五柱の男神は天照大神から見て弟神の子であり、伯母《おば》・甥《おい》の関係であって、血の繋《つな》がりは十分に濃いと言える。しかし関係はあくまでも養子であり実子ではないのだ。万世一系の皇統は養子に起源を有するということは、皇統の幅を考えるうえで見過ごしえぬことである。

豊玉姫《とよたまひめ》と玉依姫《たまよりひめ》は海神の国出身

皇統をさらにたどって行って見ると、さらに驚くべき記述に出合う。それはわが日本の初代の天皇の祖母も母も外国人の女であったということである。その系図を簡単にたどってみよう。

天安河で最初に生まれた男神は天之忍穂耳命《あめのおしほみみのみこと》であり、その息子が邇邇芸命《ににぎのみこと》であり、この神様がいわゆる天孫降臨《てんそんこうりん》の実行者になるわけである。そして笠沙《かささ》の岬《みさき》で見つけた美女木花《このはな》之佐久夜毘賣《のさくやひめ》と結婚する。この女性は天孫族ではないから、すでに、異民族——この場合は先住民族——との混血がはじまったと言ってよい。このお二人の間に火照命《ほでりのみこと》（いわゆる海幸彦）、火遠理命《ほおりのみこと》（いわゆる山幸彦）などが生まれる。あとは童話の絵本でおなじみのように、山幸彦が兄の海幸彦から借りた釣針をなくしたため海の神様のところに出かける。そこで海の神の娘である豊玉毘賣《とよたまひめ》（姫）と結婚する。

この海の神様のいる所に行く時に、船で海を渡って行ったと書いてあるところから、外国に行ったことは十分に暗示されている。しかもさらに明瞭に、これが外国であったことを示しているのは豊玉姫が妊娠し、出産する時の記述である。豊玉姫は、夫の山幸彦にこう頼んだのだった。

「すべて外国の人間は、子供を産む時にはその本来の形になって出産するのです。それで私も本来の姿になってあなたの子を産みますが、けっして私の産むところをご覧になってはいけません」と。

しかし山幸彦は好奇心抑《おさ》えがたく、こっそり覗いてみると、豊玉姫は八尋《やひろ》もある大鰐《おおわに》になっていたのである（『日本書紀』には「龍」になっていたと書いてある）。本体を現したところを見られた豊玉姫はこれをひどく恥ずかしく思い、「私はこれまで海神の国とこの国との間に往来の道をつけておいて、いつまでも行き来しようと思っていたのですが、いまはこれまでです」と言って海の国とこの国との境を塞《ふさ》いで生まれた国に帰ってしまった。

そして、生まれたばかりの坊やは草で包んだだけで、海岸に捨てて置いたのである。このためにこの男子の神様は天津日高日子波限建鵜葺草葺不合命《あまつひこひこなぎさたけうがやふきあへずのみこと》と名づけられたという。これは正統の嫡出子でありながら、波打ちぎわに、産室《うぶや》もできないのに生まれた皇子といったような意味である。この記述から見て、豊玉姫が天孫族とは相当に異なった種類の外国人だったことが推測できる。

さてこのようにして故国に帰った豊玉姫ではあるが、「覗くな」というのに覗いて離婚のもととなった山幸彦を恨みながらも、恋しさに堪えかねていた。それに産み残してきた坊やが可哀そうでしかたがない。それでご自分の妹の玉依《たまより》毘賣《ひめ》（姫）を保母あるいは乳母として付けてやるのである。そしてこの鵜葺草葺不合命《うがやふきあへずのみこと》は成長なさってから、乳母にして叔母であるこの玉依姫とご結婚なさった。この玉依姫も海神の国の女性であるから立派な外国人である。

この玉依姫は四人の子供をお産みになったが、その末っ子が神倭伊波禮毘古命《かむやまといはれびこのみこと》（『日本書紀』の表記法では神日本磐余彦天皇《かむやまといはれびこのすめらみこと》）である。この方こそ神武天皇その人なのである。『古事記』と『日本書紀』がこぞって記載しているところによれば――そしてこの二書以外にはこういうことについては絶対に知りようがない――初代の天皇の母は外国人で、祖母も外国人であり、さらに曾祖母も土着民（やはり外国人）の出であり、さらにその高祖父は養子であった。実に面白い系図ではないか。

皇室の国際化は、なんら不自然ではない

このように見てくると、将来の皇室のご結婚の可能性の幅は飛躍的に拡大されることになり、しかもそれは日本の本当の伝統でもあったのである。

事実、歴史時代に入ってからも、后妃に外国人の女性が選ばれていた例もあるのだ。た

だその後、日本は海外との交通が少なくなり、さらに鎖国があり、そしてまたさらに明治維新以来の皇室のありかたが無闇に制限されたものになったため、戦前は皇太子の海外旅行にさえ重大な反対論があったりしたくらいであって、皇太子殿下やその弟殿下が外国人の女性と結婚することなど夢にも考えられなくなってしまったのであった。

しかしこれからのことを考えると、日本は特異な島国にとどまっていては生存し難いのであって、世界の人類の一員であることを実証しなければならないであろう。その実証のためには、国際連合の常任理事国になったり、赤十字に加盟しているだけでは不十分である。

万人を直観的に納得せしめるのは、皇室の国際結婚であろう。もちろん政略結婚を勧めているわけではないが、皇室のメンバーが外国人と結婚を前提とした恋愛をする可能性は絶えず開いておくべきであろう。

たとえばイギリスの王子と日本の皇室のメンバーの縁談が起こるようであれば、日本は東洋の変な国ではないのだということの文字どおりの実証になるのである。

それに皇室の系統を海外に出しておくことは、暴力革命に対する最も有効な抑止力になろう。ロシアのロマノフ王朝の場合は王室のメンバーが一人残らず虐殺されたため、革命の反対勢力の再結集ができなかったと言われる。日本にそのような革命が起こるとは考えられないけれども、教訓として考えておいても悪くはないであろう。日本の皇室の系統が海外にあるとすれば、日本でどんな革命が起こったとしても、ロマノフ王朝のようにはならず、必ず南北朝みたいになって、無数の楠木正成《くすのきまさしげ》が出てくることは目に見えている。

こういう予想がされること——正にそれが抑止力なのである。人類の一員としての日本のあかしとしても、また、暴力革命の抑止策としても、われわれはわが国の神典の記述をもう一度読みなおすべきではなかろうか。

第7章

須佐之男命《すさのをのみこと》の真実

——天孫《てんそん》族と出雲《いずも》族は、いかにして平和共存しえたか

大陸引揚者の古代人が感激したものとは

戦後流行した一つの日本史観に、天孫族《てんそん》と出雲族《いずも》の対立というのがある。そして天孫族が出雲族を征服したというのである。地理的に言って出雲は朝鮮半島に近いのであるから、出雲系ということは朝鮮系ということになり、それが天孫系に征服された、ということは、大和民族の朝鮮侵略ということであるから、明治四十三年の朝鮮併合の神代版ということになろう。はたしてそうであろうか。

なるほど『日本書紀』には「一書ニ曰ク《イワ》」として、須佐之男命が高天原から追放された時に、その子の五十猛命《いそたけるのみこと》を率いて、新羅《しらぎ》の国に降《くだ》り、曾尸茂梨《そしもり》という所にいたという記事を掲げている。つまり須佐之男命が朝鮮の支配者だったことがあるという伝承を古代の日本人は持っていたことになる。

しかしこの個所をよく読むと、そう簡単に須佐之男命が新羅王だったという具合にはいかないようである。というのは須佐之男命は、「この地《くに》に自分は降りたいと思わない」と言って、船を作って東に向かい、出雲の国に行った、ということになっているからである。

つまり須佐之男命が高天原から追放になった時に、その行き先について、『日本書紀』の主文では直接に出雲に行ったことになっており、「一書ニ曰ク」では新羅経由で出雲に行ったことになっているだけで、同一のカミが、同一地点に行ったという点については一致している。違うのは中継地点が加わっているか否かのことである。

須佐之男命が元来、天孫族の一員であり、天孫族の長である天照大神と姉弟であることには少しも変わりはない。つまり戦後の史学者の言うように、天孫族と出雲族を互いに異民族だとする発想は、そこにまったく認められない。

もし神話が、何ほどかの歴史的事実を反映していると考えたとしても、須佐之男命とその一族は、一時、朝鮮半島のどこかに移住していたが、また日本に戻って来たと解釈すべきであろう。歴史時代に入ってからは朝鮮半島に日本人のコロニーがあったことは知られているから、歴史時代以前にそれがあったとしても少しもおかしくない。つまり須佐之男命の一族は一時なりとも、朝鮮半島の文化を体験して日本に戻って来たということであろう。これは大陸引揚者の神代版である。

新羅から日本に戻って来た時、須佐之男命の第一印象は何であったか。それは終戦後に大陸から引揚げてきた人たちの第一印象と同じであった。それは何か。日本は緑島山《みどりしまやま》であるということである。大陸からの引揚者が日本の島に近づいた時に、胸が塞がれるような感激で見たものは、樹木で蔽われた国だったのである。朝鮮半島では日本よりも早く鉄器時代に入ったと思われるが、製鉄には燃料が要る。燃料はその当時としては木しかない。

しかしわずかな地理的条件の違いのために、朝鮮半島はモンスーン圏に入らず樹木の繁茂が速やかでないのに、日本では速やかな繁茂をする。したがって歴史時代以前でも朝鮮半島から出雲に渡れば、その圧倒的な印象は鬱蒼《うつそう》たる樹木だったはずである。

よく言う朝鮮の禿山《はげやま》は元《げん》の大軍が日本に攻めこむ船を作らせるのに伐採し尽くしたためだと言う。それは正しいであろうが、元の侵略以前でも、日本にくらべれば樹木は格段に少なかったはずである。

この原始の記憶から、須佐之男命とその子供の五十猛命《いそたけるのみこと》が日本では樹木神にされたのである。『日本書紀』の「一書ニ曰ク」には次のような記述が見える。

「はじめ五十猛命が高天原から降った時には、たくさんの樹木の種子を持って下りてきたのです。しかしこの樹木の種子を韓郷《からくに》には植えないで、すべて持ち帰り、筑紫《つくし》から始めて、すべての大八島《おおやしま》国の内に播種し、増殖したので、国中、青山でないところがありません。このために五十猛命を称《たた》えて、有功《いさを》の神となしております。すなわち紀伊国《きのくに》に坐《ましませ》る大神がこれであります」と。

つまり朝鮮半島体験のある古代日本人が、日本の島々の樹木の多いのに感銘して、その理由を自分たちの先祖神に結びつけた話である。自分たちの先祖神の五十猛命が、朝鮮半島には樹木の種子を植えないで、みんなこの日本に持って来て植えてくれたのだ、などというのは、古代人のほほえましい伝承と言えるであろう。この伝承がいわゆる出雲系のものであるから、出雲系の古代人が自分たちを新羅人でないと思っていたことは明白である。

ついでながらこの伝承は、紀伊国の地名の語源にもなっている。「紀伊国」は「木の国」なのである。歴史的に言えば奈良朝は元明天皇の和銅六年に、諸国に命じて『風土記』を作らせた時、地名はすべて漢字で二字にして、しかも良い文字を使え、という方針だったので、「木の国」の「キ」を伸ばして「紀伊」にしたのであった。材木問屋で有名な紀伊国屋文左衛門はその屋号をキノクニヤと発音していた。「木の国屋」であるから、材木問屋そのものずばりの名称であった。

同じ『日本書紀』のもう一つの「一書ニ曰ク」には、須佐之男命自身が樹木創造の神様であったと言っている。すなわち、

「須佐之男命がおっしゃられるには、韓郷《からくに》の島には黄金とか白金とかがある。これに反してわが子孫が支配する国には《浮き宝》がなくてはなるまい、とおっしゃって、髯《ひげ》からは杉の木を、胸毛からは檜《ひのき》を、尻《しり》の毛からは柀《まき》の木を、眉《まゆ》毛からは樟《くすのき》をお作りになり、それ

ぞれの木の用途までお定めになった。すなわち杉と樟の二種類の木は造船に、檜は瑞宮《みずのみや》（宮殿・神殿）に、柀は一般の人民の寝床（一説に寝棺）に用いるようにしたらよいであろう。それから世の人たちがその果実や葉を喰うことができるたくさんの種類の樹木をもすべてお植えくださった。

ところで須佐之男命の子供は名づけて五十猛命《いそたけるのみこと》と申され、その妹《いろと》は大屋津姫命《おほやつひめのみこと》、次に枛津姫命《つまつひめのみこと》であるが、この三神はすべて種々の樹木をよく分ちほどこされた。そして須佐之男命とともに紀伊国にお渡りになった。その後に須佐之男命は能成峯《くまなりのたけ》にましましまして……」と。

ここで面白いのは須佐之男命が、外国の宝物と日本の宝物を対比させていることである。韓郷《からくに》の宝は金銀であるが、日本の宝は樹木であるというのだ。金銀と樹木を対比せしめて、樹木を重んずる思想がここに見られる。そして須佐之男命の子孫が紀伊や熊野の神に関係あることは、いわゆる出雲系の神が樹木と結びついていることをよく示しているし、また言うまでもなく、紀伊や熊野は大森林地帯であったし、この大森林と連なって伊勢神宮もあるのだ。

出雲系のカミが異民族とはいえない決定的理由

日本文化の特徴の一つは明らかに木にある。神社の境内に神木があるだけではない。日本の神社は「鎮守の森」という熟語で示されるように森と結びついている。今日でも伊勢のあたりは文明国には稀《まれ》な原始林とのことであるが、木は日本人にとって神聖観と結びついているのである。だから明治神宮のような新しい神社でも、とにかく神社を作れば木を植えはじめるのだ。

最近も大和を旅行する機会があったが、その時受けた印象の一つに、橿原《かしはら》神宮の森林がある。ここの森林は、紀元二千六百年奉祝記念で全国からの青年たちが植樹したものであったと記憶する。

紀元二千六百年と言っても近頃の若い人たちにはピンとこないであろうが、昭和十五年である。昭和十五年当時の日本人が、国を挙げて初代神武天皇のお祝いをしたときにやったことは、橿原神宮に木を植えることだった、ということは面白い。どこにも神社の記念には樹木を植えろ、などということは規定していない。しかし日本人はカミを祀る時には、それが神話時代の神武天皇であれ、二十世紀の明治天皇であれ、そこに樹木を植えはじめるのである。どこか本能でも突っつかれたように。

しかし重ねて言うが、日本の樹木のカミの大本《おおもと》は須佐之男命とその子孫である。つまりは出雲系である。この出雲系のカミが異民族であるはずがないではないか。樹木が日本の風土の特徴であり、日本人のカミと切っても切れぬ関係にあり、しかもヒノキが神社建築の木であることは、いずれも須佐之男命と結びついている話なのだ。われわれは直観的に須佐之男命を異民族と感ずることはできないのである。

「多くの樹木の種子を韓郷《からくに》に植えないで、全部日本に持ってきた」という須佐之男命とその子供の話は、また嵐の神としての須佐之男命のイメージとも結びつく。

須佐之男命の名前は「すさぶる」という単語と関係があるという説が有力のようであるが、すさぶる嵐というイメージがたしかに須佐之男命にあった。須佐之男命が泣くと、草木の青々と繁っている山をも枯れ山のように泣き枯らし、水の満ちている川や海もすべて泣き乾したという。また高天原に上って来た時は、山も川もみな鳴りとどろき、国土がみな震動するほどであったと書いてある。

もちろん涙は雨を意味しているし、山の草木も枯れるというのは、それこそ、「むべ山風を嵐と言ふらむ」で暴風雨である。この暴風雨、台風の神が樹木を作った神になっていることはめざましい。日本の台風こそ、日本の樹木の生長を可能にしたものだからである。このモンスーン圏をはずれると禿山になることは前に述べたとおりである。

そもそも須佐之男命は、伊邪那岐命が鼻を洗った時にお生まれになった神様ということになっている。鼻を洗った時、人はどのようなことをするか。鼻息とともに水を吹き出すであろう。風まじりの水滴というのでまさにミニ台風である。

それにこの神は「死」と関係が深いのである。そもそも泣きわめいたのも、亡き妣《はは》伊邪那美命の黄泉国《よみのくに》に行きたいからであった。『日本書紀』の「一書ニ曰ク」のなかにも、能成《くまなり》峯《のたけ》から根国《ねのくに》（黄泉国）に行ったとある。いずれも須佐之男命が死者の神であることを示すものである。

ここで日本神話と構造が異常に似ているゲルマン神話の嵐の神と比較しても、そこに面白い平行現象が見られる。ゲルマン神話の嵐の神はウォーデンであるが、これは語源的に言って、いまのドイツ語のwut（激情、激怒）、中英語 wod（荒れ狂う）と同じである。一言にして言えば、両者ともすさぶる神のイメージを持っているのだ。そしてウォーデンはゲルマン祖神の第三子であり、死者の支配者となった。ここでゲルマン神話の嵐の神を持ち出したのは、これが日本の須佐之男命と天孫族との関係を理解するヒントにもなるからである。

建御名方命《たけみなかたのみこと》と建御雷命《たけみかづちのみこと》との勝負の行方

ゲルマン祖神の長男は天の神、輝く神のテイウの神であった。この神を記念して週日の名にしたのがチューズディ、つまり火曜日である。ウォーデンを記念して週日の名にしたのがウォーデンズ・デイ、短縮してウエンズディ、つまり水曜日である。ゲルマン人のなかにはテイウを先祖神としていた種族やら、ウォーデンを先祖神としていた種族があった。

前者はいまのオーストリア、バイエルン、シュワーベン地方に住んでいるドイツ人の先祖であり、後者はオランダを含むライン川流域一帯に住むドイツ人の先祖である。氏神が違うけれども、その氏神の親神までさかのぼると同じになる。彼らが同じゲルマン人であり、言語も方言差があるだけで同じゲルマン語であることには誰も異論はない。彼らが移動する際に、先住民族もいたと思われるが、それは彼らに吸収されてほとんど歴史の問題となっていない。

これは日本の天孫族と出雲族の関係と同じようなものではあるまいか。天照大神は天の神で輝く神であり、片や須佐之男命は嵐の神であり死者の神である。前者を先祖神とするのが天孫族であり、後者を先祖神とするのが出雲族である。しかしこの神たちの親は共通なのである。結局、民族としても同じようなもので、言語も同じようなものであることは、ライン川流域のドイツ人とミュンヘン周辺のドイツ人の間を想像すればよいのではないだろうかと思うのである。

だから天孫族と出雲族の争いを、異民族間の戦争のように考え、征服者と被征服者の関係として把《とら》えてはなるまい。私はこの争いは後世の南北朝の争いのようなものとして理解すべきであると思う。南朝と北朝のどっちが正統であるかは昔から議論が多いところである。

われわれが習った頃の日本史では水戸の『大日本史』の史観を汲んで、南朝正統論であった。そして南朝には楠木正成とか新田義貞《にったよしさだ》とか菊池武光《きくちたけみつ》などの忠臣がいたのに反し、北朝には足利尊氏《あしかがたかうじ》以外はあまり有名な人がいなかった。しかし戦のほうはいわゆる「南風キソハズ」の南朝側の負けであった。ところがいつの間にか南朝と北朝は一緒になって、万世一系になっているのであるから、何だか狐につままれたような感じだったことを覚えている。しかも系図で見ると現在の皇室は北朝系である。それなのに南朝をほめなければならないという妙な具合であった。

しかしこれが日本の皇統の争われ方の「型《パターン》」なのではないか、と思ってみると理解できるように思う。元来が兄弟で皇統を争うことから生じたものであるから、どっちの系統に主権が渡ったとしても、皇統自体としてはかまわないわけである。どうせかまわないことは明らかなのだから、しばらく争ったあとでは、かなり平和的に妥協の道が開けることになる。かくて南北朝は合体し、北朝が皇位に即《つ》いたけれども、それまでの正統は南朝にあったような話のつけ方である。

出雲に根を下ろした須佐之男命のところに「日本は天孫族の支配するところだから、国を譲れ」という要求があった。その頃の出雲の支配者は須佐之男命の子孫の大国主命《おおくにぬしのみこと》であった。この大国主命とその子の事代主命《ことしろぬしのみこと》のほうは主権を移譲することに同意したが、大国主命のもう一人の子である建御名方命《たけみなかたのみこと》はそれに反対で武力抗戦を主張する。そして高天原から派遣されてきた建御雷命《たけみかづちのみこと》と力くらべをすることになった。

ところが出雲側のチャンピオンの建御名方命は、天孫側の建御雷命の敵ではなかった。建御雷命は建御名方命の手を無造作に軟らかい若葦《わかあし》でも摑《つか》むように握り潰して投げとばしてしまったのである。建御名方命は恐れて逃げたが、建御雷命はこれを追いかけ、信濃国の諏訪《すわ》湖まで追いつめてこれを殺そうとした。そこで建御名方命は降参して言った。

「恐れ入りました。どうか私を殺さないでください。私はここ以外、よその土地には行きません。父の大国主命の命令にも叛《そむ》きませんし、兄の事代主命の言葉にも叛かないで降参します。この葦原《あしはら》の中つ国は、天照大神の御子様の命令どおりに、謹んで天孫側に献上致します」と。

この話は、天孫族と出雲族との平和的再統合に強硬な反対派があったことを示している。しかしこの強硬反対派は玉砕もせず、絶滅させられもせず、日本の真ん中あたりで降参している。この敗北したカミが諏訪神社に祀られた。社格は高く、もとは官幣《かんぺい》大社であったから、古代において敗れた建御名方命が相当厚遇されていたことを暗示するものである。そしてこの諏訪神社は武士に尊崇されていたし、戦のカミサマということになっていた。負けたカミが戦のカミになるのは妙なものだが、多分、昔の人たちは、「負けたことのあるカミだから負けた者の口惜しさがわかるはずで、したがって祈る者を敗北の憂き目に遭《あ》わすようなことはなさるまい」と思ったのであろう。

日本人がカミに対する時は、カミの気持ちを察してやっているのである。そのような発想も、結局はそのカミとの血族関係を心のどこかで信じていることから生じてきたものであろう。

八雲《やくも》立つ　出雲八重垣

須佐之男命が新羅の国から船に乗って東に渡って、日本の樹木の神になったという伝承を『日本書紀』で読むと、私は昭和十三年の秋に、ビクターから国民歌謡として発表された「大日本の歌」を思い出すのである。これは芳賀秀次郎作詞、東京音楽学校作曲で、大らかな節まわしのいい歌であった。われわれも学校で教えられたが、レコードのほうには徳山璉《たまき》と四家《よつや》文子が吹きこんでいた。

雲湧《くもわ》けり　雲湧けり
みどり島山《しまやま》
潮満《しほみ》つる　潮満つる　東の海に
この国ぞ　高光るすめらみこと
かむながら　治《しろ》しめす　すめらみくに
ああ　われら今ぞ讃《たた》へん　声もとどろに
類《たぐい》なき　古き国柄　若き力を

というのが第一連であるが、ここに示された日本のイメージは、天孫的というよりは出雲的ではないだろうか。「雲が湧く」というのは「出雲」の地名でもある。「みどり島山」は朝鮮半島からの引揚者の須佐之男命のそれである。また彼は東の海に向かってやってきたのである。これ以下の歌詞は皇国讃美、天皇讃美であるが、その道具立てが出雲的、須佐之男命的であるのに驚くのである。われわれが感覚的に日本的と把握していたものが、意外に出雲的というのはどうしたことだろうか。

日本文化を語る時、私はよくギリシャのスニオン半島の突端にあるポセイドンの神殿跡と、金華山《きんかざん》を比較することにしている。それはギリシャにしばらく滞在してから帰国し、すぐに石巻《いしのまき》の知人のところに行って、そこから金華山に行った時の印象があまりに鮮烈だったので、それをほかの人にも聞いてもらいたいと思うからである。

ポセイドンの神殿のあたりには樹木はない。ギリシャの遺跡からの宝には鉱物製のものが少なくない。これは須佐之男命が韓郷《からくに》で見たものと同じである。しかし石巻から東の海に出て金華山に至ると、小さな島なのに巨木で蔽《おお》われているのだ。ここでは宝は樹木つまり「浮き宝」である。そして大理石で建て、金銀を宝物としていた神殿は廃墟《はいきょ》となっているのに、金華山の森林のなかには木造の神社があって、その社殿は腐朽《ふきゅう》していない。樹木こそ日本文化の根源なのだという実感がするのである。天孫側のほうでは、特に樹木をどうしたということはないのであるから、出雲系の樹木文化を吸収したと言ってもよいのかもしれない。

それにもまして出雲系が日本人と切っても切れぬ関係にあるのは、それが結婚と関係するからである。須佐之男命が出雲の簸《ひ》の川の川上で八俣大蛇《やまたのおろち》を退治された時に、櫛名田比賣《くしなだひめ》と結婚し、須賀《すが》の地に宮殿を建てたが、その時にかの有名な和歌をお作りになられたのである。

八雲《やくも》立つ　出雲《いづも》八重垣《やへがき》　妻籠《つまご》みに　八重垣作る　その八重垣を

この歌の意味は特に難しいところはない。「いま、ここの清々《すがすが》しい須賀の地に宮殿を建てて妻とこもろうとすると、むくむくと八重の雲がのぼってきた。そのさまはちょうど、寝室のかこみの八重垣のような具合である。まことにめでたい兆《きざし》である」といったような意味である。

しかしこの歌は、日本人にとっては超重大なものなのである。というのは、これが日本の三十一文字《みそひともじ》の和歌のはじまりとされているのだから。学者によっては、このように整った形の和歌が神代にあったはずがなく、後世に整理された形で書き記されたものであろう、などと言っており、それは有力な説であるらしい。

しかし『古事記』や『日本書紀』の以前の日本の和歌というのは誰も知らないはずだし、また知りようもないわけだから、記紀が揃《そろ》って記しているこの歌こそが、日本最古の和歌であると、少なくとも八世紀の日本人は思っていたということなのである。

これ以前のことは一切不明なのであるから、日本人の意識が文字に書き留められて以来、日本人はずっとこの出雲のカミの結婚の和歌を、日本の和歌のはじまりとして尊んできたことはたしかであり、正にそれが重要なことなのである。日本人が和歌に対して異常な関心と敬意を持ち、和歌が出てくると身分の差もなくなることは『万葉集』の作者を一見しただけでもわかるということは、詳しく論じたことがあるから、ここでは繰り返さない（拙著『渡部昇一の日本語のこころ』ワック）。

和歌によって言霊《ことだま》が働くのであるから、漢字で書いてある『日本書紀』ですらも、この須佐之男命の和歌は、「夜句茂多菟《やくもたつ》　伊都毛夜覇餓岐《いつもやへかき》……」というふうに表音式になっているのである。この和歌には神聖な言霊が宿っているから意味を取って漢字に直す、ということはしなかった。否《いな》、当時の言語観から言って翻訳不能だったのである。

日本人が描きつづけた理想的な新郎・新婦像

ここに重要な点が浮き上がってくる。つまりこの歌に使われている須佐之男命の言葉は、のちに出てくる神武天皇の言葉と同じだということがそれである。神武天皇は天孫系の、しかも直系で初代の天皇である。歌も多く残しておられるが、その歌もすべて漢字を用いて表音式に書いてあるから、意味ばかりでなく発音もわかる。その言葉が須佐之男命の和歌の言葉と同じであることは、やはり天孫系と出雲系は、同一言語の民族だったと断定してもよい根拠になると思う。

古代の日本人の言葉や和歌に対する尊敬の念を知る者にとって、その和歌のはじまりが外国語であったということはありえないのである。第一、外国語だったら、わざわざ漢字で発音を示す苦労などはいらなかったであろう。

そして出雲が日本人の結婚にとって特別な意味があるのも、須佐之男命の結婚が和歌によって祝福されているからである。古代に和歌の言霊によって自らの結婚を祝福した須佐之男命と櫛名田比賣《くしなだひめ》は、そこで夫婦の交わりをして、素晴らしい子供を産んだ。大国主命がそれである。ただ『日本書紀』の「一書ニ曰ク」には、大国主命は須佐之男命の「五世の孫」と言っているし、『古事記』では六世の孫になっている。

いずれにせよ、俗間に大黒様として、打出《うちで》の小槌《こづち》を持つ富貴の象徴ともなった立派な子供(あるいは子孫)をこの結婚によって作ったのであるから、誰だってこれにあやかりたいと思う。かくして出雲の神様は、日本中の結婚を取りしきる神様に祀り上げられてしまった。

夏頃にタクシーの運転手に聞いた話であるけれど、その人は秋に山陰地方を旅行しようと思ったが、まったく汽車の予約が取れなかったのだそうである。つまりは秋の新婚旅行客が出雲に押しかけるということらしい。そう言えば私の田舎の従妹も、新婚旅行は出雲廻《めぐ》りであった。

神代のことをうたった和歌が八世紀の歴史に記載された結果、その言霊の力は、二十世紀の日本の若い男女をも束縛していると言ってよい。まことに日本は「言霊のさきはふ国」である。結婚式ということになると普段は宗教にまったく関係のない生活をしている人間も、教会で式を挙げるのであるが、それは結婚式がハレの場であるからである。そういうハレの場になると、日本人は特に興味深い行動を起こす。

三島由紀夫が切腹する時に二首の和歌を残したが、この和歌は大和言葉ばかりで一個の漢語も入っていなかった。あれほどボキャブラリーの豊富な三島も、ハレのハレたる切腹を前にすると、漢字渡来以前の大和言葉だけで和歌を作るのだ。別に意識したわけではないのにそうなるところが言霊である。日頃はカミサマなどすっかり忘れている若い人も、結婚というハレの場には突如として神代の言霊の支配を受けるのだ。この点において須佐之男命はまだ生けるカミである。

この須佐之男命の配偶者となった櫛名田比賣は、両親にとても愛された女の子であった。というのはこの姫の両親の名前が脚摩乳《あしなづち》と手摩乳《てなづち》だからである。この両親は娘の櫛名田比賣の「脚をなで」たり「手をなで」たりして大切に育てたという意味でそういう名前にしてあるのであろう。子供は、特に女の子供は可愛がられて育つのがよいという常識がそこに働いているのを見る。

一方須佐之男命はすさぶるカミであり、武のカミである。しかも機略もあって、八岐大蛇を酒で酔い潰して殺してしまうのである。この大蛇の尾から出た剣が三種の神器の一つである天叢雲劔《あめのむらくものつるぎ》(のちの草薙劔《くさなぎのつるぎ》)であるから、須佐之男命は日本民族の武の側面を象徴しているといってもよいであろう。

武勇にして機略あり、しかも困っている老夫婦と若い女性を助けるために怪物退治する俠気もあるということで、須佐之男命は理想的な新郎であり、一方の櫛名田比賣は大切に育てられた箱入娘の楚々《そそ》たる風情があって、これまた典型的な花嫁の姿である。ここにやはり日本人の頭に描きつづけられてきた理想的な新郎・新婦像があるわけで、さすがは出雲のカミサマであると感心させられる。

第8章

神武《じんむ》建国神話と言霊《ことだま》

——超自然的要素のある国とない国

抹殺されたロシア共産党党首の名前

シュリアプニコフという人の名前を知っている日本人が何人いるであろうか。少なくとも少し前までは、ほとんど一人もいないと言ってもよいくらいだったと思う。この名前がわれわれの耳に入ってきたのは、ソルジェニーツィンが米国労働総同盟・産別会議の招きによってワシントンを訪れて講演をしてからである。

幸いにこの講演は『正論』十月号（昭和五十年）にその全文が載せてあるから容易に読むことができる。ここにはわれわれ普通の日本人には初耳のことがいろいろと書いてあるが、もちろんソルジェニーツィンが嘘《うそ》を言っているわけではない。

たとえば革命前のロシア共産党の党首は誰であったかと聞けば、たいていレーニンと答えるであろう。しかしソルジェニーツィンによれば、革命前のロシア共産党の党首はレーニンでなくシュリアプニコフであったという。革命初期の共産党中央委員会のメンバーは、亡命知識人であったが、彼らはすでにロシアに蜂起《ほうき》があってから、革命を遂行するために海外から帰ってきたのであった。そしてこのなかにたった一人だけ本当の労働者がいたが、その人の名がアレキサンドル・シュリアプニコフなのである。

彼は熟練の旋盤工であり、労働者の真の利益を代表しつづけたが、間もなくかつての同志のために牢獄《ろうごく》のなかで処刑されてしまって、その名前はほとんど伝わらないでしまった。つまりロシア革命以前に全共産党を動かしていた人は、肉体のみならず名前までも完全に抹殺されてしまったのである。

ソ連政府が歴史を自分の都合のよいように書き換えているという噂《うわさ》は、どこからとなく耳に入っていたが、革命前のロシア共産党の党首の名前まで消されていると知っては驚かざるを得ない。ジョージ・オーウェルの『一九八四年』には真理省の記録局が、絶えず過去の文献を――詩までも――改竄《かいざん》しつづけている光景が描写されているが、どうも、それに似たことが行われたようである。

「ソ連帝国の初代の帝王は抹殺されたのか」とつぶやいた時、私は突然、「日本の初代の天皇も抹殺されている」ということに思い至ったのである。

戦前の教育を受けたものは、よく戯《たわむ》れに、「神武《じんむ》・綏靖《すいぜい》・安寧《あんねい》・懿徳《いとく》・孝昭《こうしょう》・孝安《こうあん》・孝《こう》霊《れい》・孝元《こうげん》・開化《かいか》・崇神《すじん》・垂仁《すいにん》……」と唱えてみせることがある。これはもちろん歴代の天皇の名前で、戦前の小学校上級生なら誰でも覚えていたことだが、逆に戦後の子供は絶対覚えていないことである。戦後の歴史教育では神話を教えないということがモットーとされて、初代の神武天皇以下、二十五代の武烈《ぶれつ》天皇までは無いことになっているらしい。ようやく正式に天皇の名前が年表に出てくるのは継体《けいたい》天皇からである。

世界一の規模の墓だと言われる御陵を持つ仁徳《にんとく》天皇も、崇神陵の崇神天皇も、日本人の学者の作った日本史年表に載せてもらえないのだから驚くわけだが、戦後の日本史家は大変抹殺が好きなようである。ソ連では百年も経たない近い過去における共産党党首さえ抹殺したのだから、多分にソ連に同情的であった戦後の日本の歴史家たちが、千何百年前もの天皇の名前を抹殺するぐらいは、いともやさしいことであったのだろう。

古代の日本人を買いかぶりすぎた妄説

しかし『古事記』にしろ『日本書紀』にしろ、そこに出てくる名前は、そう簡単に抹殺はしにくいものなのではあるまいか。戦後の日本史学者がよく言ったことは、「記紀は天皇家が権力を得てから、その政権を正当化するために作られたものである」ということであった。

しかしこれは古代日本人の才能を買いかぶりすぎた考え方である。どこの国でも散文で空想物語を構成できるようになるのは、もっともっと時代があとになるのである。

日本よりはずっと散文を書く伝統の古かったシナでも、構想の豊かな長篇物が出てくるのは明《みん》の時代、つまり十六世紀頃からである。いわゆる四大奇書《しだいきしょ》と言われる『水滸伝《すいこでん》』、『三国志演義《さんごくしえんぎ》』、『西遊記《さいゆうき》』、『金瓶梅《きんぺいばい》』が本になったのはその頃であるが、『金瓶梅』のほうは風俗小説だけれども、『水滸伝』や『三国志演義』は歴史物語であった。まったく荒唐無稽な猿や豚や河童《かつぱ》の化物の出てくる『西遊記』だって玄奘三蔵《げんじようさんぞう》のインド訪問という史実が根にある。

もっとも日本人は空想力が発達していて、世界にさきがけて『源氏物語』のような小説を生んだ国ではあるけれども、日本文学史の示すところでは、日本人の物語は『竹取物語』と『伊勢物語』が一番古い。特に前者については紫式部も「ものがたりのいで来はじめのおや」と言っていた。これに反して『日本書紀』は歴史であるとし、そういう歴史よりは小説のほうが人間の生き方をよく示してくれると登場人物に言わせている。

紫式部が歴史と物語を峻別《しゆんべつ》していたこととは別に、古代人は伝承を書くことはできても、現政権の都合に合わせて歴史を創作する能力はなかったと考えておいたほうが無難である。十九世紀のヨーロッパの学者もこの点において間違いを犯したことがあった。

彼らはホーマーの叙事詩を空想物語と断定したり、旧約聖書をも虚構と決めつけたりしたのである。しかしシュリーマンという天才的素人が出てきて、ホーマーの記述に従ってトロイ戦争の跡を発掘してみせたことはいまでは知らぬ人とてない。また旧約聖書の記事が考古学の発掘で大幅に裏付けられていることも事実である。ホーマーであろうが、ラビ・アキバであろうが、ああいう大きな物語をまったくの空想から作り出すことはできなかったのである。

東洋史においても、古代シナの殷《いん》は神話とされていたが殷墟が発掘されたため、神話説はすっとんでしまった。『三国志』だって、事実に根がなければ、あれだけの人名や地名を考え出せる作者はないであろう。日本の記紀にも厖大《ぼうだい》な数の固有名詞が出てくる。虚構でできる生やさしい数ではないのだ。しかも『古事記』と『日本書紀』の編纂《へんさん》が別々に行われたことは確実視され、細かい点での相違はいろいろあるのに、大筋で一致しているのは、共通の記憶を書こうとした努力の結果にほかならない。

日本では敗戦前には古代史を扱うことがタブーに触れやすかったため、それが解禁されたとたんに、一挙に記紀の歴史的価値を一切否定したがるようになった気持ちはよくわかる。しかし「権力の座についた天皇家がその政権を正当化するために記紀を捏造《ねつぞう》させた」というのは、あまりにも二十世紀のソ連的発想法である。第一、ソ連は現政権に都合の悪いシュリアプニコフを抹殺したが、記紀のほうには、天皇家に都合の悪そうな話もずいぶんたくさん書いてあるのである。こんな率直な捏造《ねつぞう》があるだろうか。

天皇家の名誉にならない、あまりに率直な記述

のちに神武天皇とおくり名された初代の天皇の本名は彦火火出見《ひこほほでみ》、あるいは神倭伊波禮《かむやまといはれ》

毘古命《びこのみこと》（『書紀』では神日本磐余彦天皇《かむやまといはれびこのすめらみこと》）である。その名からしても、日の神の系統を示す火を承《う》け継いだ方で、しかも、大和地方に政権を立てた方と考えられていたことがわかる。この場合「日」の「ひ」は甲類で「火」の「ひ」は乙類であるが、同根の語であることはたしかであり、日嗣《ひつぎ》の御子が、日輪の代わりに神火を承け継いだのであろう。

父は鵜葺草葺不合命《うがやふきあへずのみこと》、母は玉依姫《たまよりひめ》であり、海神の娘であることは前に述べたとおりである。いまの言葉で言えば混血児ということになる。第四番目の息子であるが、英明で十五歳で皇太子となっているから、兄たちを越えたことになる。このことから当時の社会は末子相続だったという推定も成り立つかもしれないが、天才的な英雄だったと考えるのが自然であろう。伝説であれ何であれ、とにかく建国の大帝であるから、平凡であったわけはない。

しかし家庭的にはめぐまれなかったし、のちの儒教的見地から見れば、どうかと首をひねらなければならないことが出てくる。まず仲のよかったらしい兄の五瀬命《いつせのみこと》は大和に向かう途中で敵の矢に当たって戦死し、ほかの二人の兄も、行軍の辛さに耐えかね、投身自殺したように書かれてある。つまり大和平定ということは、四人の兄弟の三人までが途中で死ぬような難事業であった。

このようにして大和平定のあとに、三輪の大物主神《おおものぬしのかみ》の娘の伊須気余理姫《いすけよりひめ》と結婚され、神《かむ》八井耳命《やゐみみのみこと》と神沼河耳命《かむぬなかわみみのみこと》の二人が生まれた。しかし神武天皇はまだ九州の日向《ひむか》におられた頃に、阿比良姫《あひらひめ》を妻としてめとられ、当芸志美美命《たぎしみみのみこと》が生まれており、大和に来ていたのである。そして神武天皇が亡くなると、この当芸志美美命が、父の後妻の伊須気余理姫と結婚し、その子供たち、つまり自分の異母弟たちを殺す計画を立てた。これを心配した伊須気余理姫は、歌をもって自分の息子たちに知らせる。

それで神八井耳命と神沼河耳命が、自分たちの母をめとった庶兄の当芸志美美命を殺そうと武器を持って押し入った。最初、兄の神八井耳命が殺そうとしたのだが、手足がふるえて殺せなかったので、弟の神沼河耳命が兄の武器を取ってなかに押し入り首尾よく殺したのである。それで兄のほうは弟の勇気に敬意を払って、弟に皇位を継ぐように勧め、自分はその補佐となって、神事に奉仕すると言う。この勇気のあった弟の神沼河耳命が二代目の綏靖天皇である。しかし実際上の二代目の天皇の当芸志美美命は殺されたのであった。

このように初代の天皇から二代の天皇に皇位が移るについては、父の後妻——とはいいながら正式の皇后である——を犯した先妻の子があり、この先妻の子を後妻の子が殺すという、いまの言葉で言えば近親相姦と近親殺戮《さつりく》が起こったのである。もし記紀の神代史が、天皇家が自己の正当化のために作った歴史だとするならば、こんなことは一切書く必要はないであろう。その後も、悪い天皇のことがしばしば率直に書かれている。どうしても都合の悪いところを抹殺した歴史とは思われない。

また小さいことでは、初代の皇后についてあまり名誉にならない次のような逸話がついている。『古事記』によれば、伊須気余理姫の母は勢夜陀多良《せやだたら》姫と言い、容姿美麗な方であった。それで大和の三輪山の神の大物主神が見そめ、この姫が厠《かわや》に入っている時に、赤く塗った矢になって溝を流れ下り、姫の陰部に突き刺さった。それで姫は驚き慌《あわ》てて立ち走られた（立走伊須須岐伎《たちはしりいすすきき》）。

こうしたことによって生まれた姫が、神武天皇の皇后になった伊須気余理姫なのである。それでこの姫の名前は元来、富登多多良伊須須岐姫《ほとたたらいすすきひめ》というのである。富登《ほと》は女性の陰部であり、多多良は「踏鞴《たたら》」と関係があるであろう。伊須須岐は、「立走りいすすき」から来ている。いかにも露骨な名前ではある。それで姫はこの名前にある「富登」という言葉を嫌って、比売多多良《ひめたたら》伊須気余理姫としたと言う。これなどは、「おまん」という名をつけられたのを恥ずかしがっているある老女のことを思い出させるものである。

もとより三輪山の神は蛇神ということになっている。したがって勢夜陀多良姫は蛇に犯されたのである。これは日本では昔からよくある話であり、私も似たような話を幼い頃に祖母から聞いたことがある。それは祖母の村で起こったこととして語られたものであった。同じ蛇でも相手が神様なら、かえって箔《はく》がついたというわけだろうか。

この話は、三輪山の神の娘を、神武天皇が妃として容《い》れたということであるから、天皇族と土着の豪族との政略結婚の話として解釈することができる。また『書紀』に従って、大国主命の子の事代主命《ことしろぬしのみこと》の娘と結婚したというほうの話を取っても、出雲系と結婚による融和というふうになる。いずれにせよ天皇は土着、あるいは先着の豪族との結婚によって政権の基礎を固めたことになる。

しかし「伊須須岐」というような動詞を名前にした姫の話などは、政権の正当化の話としてはまったく必要はなく、当時伝えられていた伝承をそのまま書き記したものとしか思われない。

いずれにせよ、権力側がある意図を持って神話をでっちあげた、という説は無理な話であり、後世になれば、戦後の一時期における国史学界の傾向として、興味深く眺められることになるであろう。

「神代」と「人の世」を分けるものは何か

神武天皇は初代天皇であるから、そこには古代日本人の理想の姿が投影されていると考えてよい。しかも初代天皇という意味は、ここで「神代《じんだい》」が終わったということである。では「神代」と「人の世」の区切りをつけたのは、どういうことによるものであろうか。

まず第一に変わった点は、その「地理」である。神武天皇が育った土地は日向、いまの宮崎県のあたりである。その地名が「日向《ひむか》」であることは、日嗣《ひつぎ》の御子の土地としては適当であるし、事実、皇室の発祥地はこの辺にあって、ここから北九州に勢力を伸ばし、豊後《ぶんご》の宇佐《うさ》や筑前《ちくぜん》の岡田《おかだ》に伸びて行ったという推定には、ほぼ間違いがないであろう。そして日向が今日でも熱帯性植物の自生するほとんど唯一の土地であることを考える時、天孫族がこのあたりから上陸したと考える人があっても不思議はない。

そして多年の激戦の末に大和に王朝が成立したことになる。北九州の地名と大和の地名が異常な類似を示すのは、民族移動、あるいは移民の時にはよくある現象である。以前、満洲に移民した人たちも、自分たちの開拓地に故郷の名前を付けることがよくあったし、アメリカの地名にも植民者の故郷の名前を示すことが多い。

このように皇室が九州から瀬戸内海沿いに大和に入って、そこに新王朝をはじめたことが、神代と人の世の境い目である。簡単に言えば、皇室の九州時代以前を神代と言い、大和以来を人の世と言うのである。

しかし、内容的に異なるのは、男性社会への転化ということであろう。日本神話における一つの特徴は男女神の相補性原理にあり、それがさらに女性優位になったことにあった。伊邪那岐・伊邪那美の両神は陽と陰の相補神であったが、伊邪那岐命から生まれた三貴子においては、女神の天照大神が、男神の須佐之男命よりは高い地位におり、高天原の支配者であった。そこには巫子《みこ》政治や母系社会の面影を見ることさえもできる。

しかし神武天皇が登場するや、女は主役から退《しりぞ》けられる。神武以前でも、神武天皇の直系のご先祖の神々はすべて男系であり、天孫降臨の邇邇芸命《ににぎのみこと》は男神であるが、征服の話に戦争が出てこないので、まだ男らしさは十分出てこない。しかし神武東征は長期の遠征である。九州から大和までを一代で征服したことになってはいるが、実際には何代も経たのかもしれない。とにかく天孫民族は長い間、戦場の体験をしたのである。

そうすると男の社会が生まれることは、源氏の勃興や、戦国時代を考えてみるとよくわかる。長髄彦《ながすねひこ》の矢に当たって重傷を負った五瀬命は、「賤《いや》しい賊から傷を受けて死ぬのはまことに残念である」と言って剣の柄を握りしめて雄たけびを放って死んだと書いてある。まことに典型的な武人の死であるが、このような姿は、それ以前の神代の歴史には見当たらない。

神代の争いは、いずれもめでたく誓約によって終結したり、桃（梅）の実を投げて退散させたりしている。天孫族と出雲族の決戦ですらも、相撲みたいな感じで敗者の建御名方命は殺されていない。しかし神武東征の物語は完全な戦争の物語である。つまり記紀で「神代」と「人の世」を分かつのは、戦争であり殺戮《さつりく》である。天皇軍はしばしば苦戦に陥《おちい》るし、また敵をもよく誅滅《ちゆうめつ》している。神代とは記述の質が変わってきているのである。しかも後世から見ると奸計《かんけい》とも思われる術策をも使い、宴席を利用して賊を殺すということもやっている。

「天の神」の夢のお告げ

しかし帝王としての神武天皇の資格は、単なる武力にあっただけでないことを見る必要がある。この初代天皇には「言霊《ことだま》」を用いる力があった。これが古代にあっては王者としての重要な資格であったのだ。記紀に収められた神武天皇作の歌は、その量からだけでも注目に値するものである。

このような武人であった天皇の歌には、しばしば荒けずりのユーモアがあり、女をその対象にしているのもある。菟田《うだ》の弟猾《おとうかし》が天皇の軍に、酒と肉を提供してもてなした時、天皇はその酒と肉を兵士たちに分け与えて歌をうたった。意味をとって散文訳をしてみれば次のようになる。

「菟田《うだ》の高城《たかき》で鴫《しぎ》を捕ろうと、鴫わなを張って待っていたところが、鴫はかからないで山鯨《いのしし》がかかった。嫡妻《こなみ》が、肴《さかな》に欲しいと言うならば、ブナの実みたいに肉の薄いところをそぎ取って与えよう。新妻《うはなり》が肴に欲しいと言ったらマテバシイの実のように肉のたっぷりしたところをそぎ取って与えよう」

これにさらに囃しがついている。この歌の背景はともかく、古那美《こなみ》（嫡妻—正妻）には肉を少ししかやらないが、宇波那理《うはなり》（新妻—次妻）にはたっぷりやろうというのがおかしいのである。「こなみ」というのは、毛止豆女《もとつめ》とも言い、橘守部《たちばなのもりべ》（江戸時代後期の国学者）の説では、着馴女《きなれめ》が訛《なま》ったものだという。いずれにせよ古女房のことである。これに反して「うはなり」は新しい女房のことになる。一夫一妻の時代でないから、「うはなり」を妾とか愛人というわけではないが、とにかく新鮮なほうである。

日本の諺《ことわざ》に「女房と畳は新しいほうがよい」というけしからんのがあるけれども、それと同じことを初代の天皇が歌に詠《よ》んでいるのがおかしい。それを聞いていた兵士たちも、どっと笑ったことであろう。戦勝のあとで、こうした荒っぽい歌を兵士たちとともに歌うところは、いかにも人の世の軍隊の指揮者の面影がある。この歌は来目歌《くめうた》といわれ、記紀が書かれた頃の宮廷の雅楽寮でも、拍子をとって古代にのっとって歌う習慣であったという。

しかし神武天皇が初代の天皇としてもっとも重要な機能を示すのは、この「言霊」の駆使者としての神秘的な能力を戦勝に結びつけた時のことである。兄磯城《えしき》の軍が要害に立てこもっていて、天皇の軍が攻めあぐんだ時に、天皇は夜、神に助けを求める祈りをしてから眠られた。すると夢に「天の神」が現れて、「天の香具山の土を取って平形の土器を多く作り、また神聖な甕《かめ》を作り、天神地祇《てんじんちぎ》を祀って、厳粛に呪いをかけるならば賊は平《たい》らぐであろう」という啓示を与えてくれたのである。

天皇はこの教えに従って天神地祇を祀り、敵軍が、菟田川《うだがわ》の朝の河原に、水の泡のようにはかなく消えるようにと呪いをかけられた。そして結果は成功であった。この呪いをかけてその呪いが利《き》いた、ということは、古代においては特別に重要な意味を持っていたものと思われる。

「言霊」という概念は、今日ではなかなか把握しにくいものになっている。エスキモーの間では、悪口を言われたほうの人は、ひれ伏す習慣があると報告されている。それは、呪いの言葉があたかも矢のごとく感ぜられ、それに当たらぬようにひれ伏すのだという。その場合、呪いの言葉は単なる空気の振動ではなくして、矢とか鉄砲玉とか石つぶてのように実体あるもので、それに当たったものは本当に傷つくというふうに感じられるわけである。

これなどが言霊の極端な形であろうが、そういう社会で、呪いが必ず相手を傷つけ、ほめ言葉が必ず相手に幸せをもたらす人がおれば、その人は大いに尊敬されるであろう。神武天皇の時代の人は、おそらくそのような言語に対する感じ方を持っていたはずであり、それが戦争のような危機的な場面で実効をあげたとすれば、天皇に対する尊敬は、単にリーダーに対する尊敬ではなくて、信者が教祖に対するような信頼を寄せたからではあるまいか、と思われるのである。

万葉時代の歌人、山上憶良《やまのうえのおくら》の長歌（巻五―八九四）に、次のような書き出しのものがある。

神代《かみよ》より言ひ伝《つ》て来《く》らく
そらみつ　大和の国は
皇神《すめかみ》の　厳《いつく》しき国
言霊《ことだま》の　幸《さき》はふ国と
語り継ぎ　言ひ継がひけり
今の世の　人もことごと
目の前《ま》に　見たり知りたり
……

この意味の大要は、「大昔から、この日本の国は、皇室の御先祖の神様たちのおこしらえになった立派な国であり、また日本語には不思議な作用があって、霊妙な結果を現す国だと、語り伝え、言い伝えしてまいりましたが、その実例は、いまの世の人々も、みんな実際に見てもいるし、知ってもいます」といったような意味である。つまり、日本の特徴として、建国神話と言霊信仰を挙げているのだ。記紀の伝承が信じられていた時代において、皇祖神による建国神話はそのまま受け取られていたであろうし、また、憶良が、日本のことを「言霊能佐吉播布国《ことだまのさきはふくに》」と言った時、おそらく神武天皇の伝説が念頭にあったのだと考えてもよいであろう。

超自然的要素を取り除いた国と保持している国

ニューズウィークのインタヴュー（一九七五年十月二十七日号）で、幻想的な芸術で世界をあっと言わせたサルヴァドール・ダリが、自分は君主制賛成論者だと言っているのが目についた。その理由は君主制とは一つの完全に形而上学《けいじじょうがく》的概念だからだという。つまり君主制とは神とともにはじまり、すべてが遺伝子のように厳格に伝えられるところがよいのだというのである。

ダリが念頭に置いているような君主制が、スペインの情況とどのように関係があるかわからない。しかし現在の世界において君主制国家を是とする意見は有力とは言えないし、「国家の起源は超自然的なものである」という伝統的な考え方も薄れてきているように思われる。

しかしかつて、西洋において国王は日本の天皇のように、系図的に神の子孫と称していたし、キリスト教改宗以後も、聖油を注《そそ》がれた者としてその地位は神聖なものとされていた。シナにおいても、天子は天の特別の命を受けたものとされていた。

しかし啓蒙主義のあと、人類はアメリカの独立とフランス革命を経験した。国家というものは、有志の集まりが独立宣言を起草したり、革命を起こして憲法を発布すれば成立するものであることが実証されたのである。

特にアメリカの成功は、国家がその成立に超自然的要素を含めなくても立派に繁栄しうることを、全世界に示したものであると言っていいように思われる。もっとも、アメリカの独立宣言には「創造者」(神)などがよく出されており、相当超自然的な臭いがするが、それすらも最高裁判所が、公立学校で「神」に祈ることが憲法違反という判断を下してから、さらに啓蒙の度は進められたと言ってよい。

したがって現在の世界には、その起源を超自然的要因に結びつけている国々と、完全に現世的な要因のみから成り立っている国々と、大ざっぱに二つに分けることができよう。そして数においては現世的な要因のみで成立した国家のほうが増えてきている。近くは一九七四年にエチオピアの皇帝が廃止された。

人類の進化を単純に信ずることができた時代には、超自然的要素のない国家のみになるのが未来の姿のように見えたものである。しかしはたしていまもそう見えるであろうか。まず手近なところから見てみよう。

アジアで超自然的要因を保持している国のめぼしいものは、日本とタイである。そして日本とタイが同胞の殺し合いが最も少なかったアジアの国であることもたしかであろう。そしてこの両国とも、いまその超自然的要因を取り除けば、相当大規模な殺し合いが起こりそうであるという点でも似ている。

アメリカは啓蒙国家であるから、超自然的要因を持つ国家の意味をそれほどよく理解しなかったように思われる。そのためもあってか、新興国家には大量虐殺が横行しているケースが多い。

ヨーロッパのほうではフランスが最初に超自然的要素を取り除いた。その結果が恐怖政治と徴兵制の導入とナポレオンであった。ドイツでは第一次大戦後にワイマールの啓蒙憲法ができたが、そこからはヒトラーが躍り出た。彼はゲルマン人の血を宗教感情にまで祀り上げたが、あくまでも擬似宗教であったので、結果としては史上類のない大殺戮になった。

同じく第一次大戦の産物として生じたソ連はどうであったか。悪名高きロマノフ王朝の下ですら決して起こらなかったような大規模の同胞殺戮があったあと、スターリンの独裁が生じ、その後も収容所列島には囚人が満ちていたらしい。シナ大陸でも大規模な同胞殺戮のあとに、全体主義政権が生じている。朝鮮半島も南北が苛烈な戦闘を行い、同胞同士の殺戮があった結果、北も南も程度の差こそあれ独裁政治になっている（本書執筆当時）。

このように見てくると、国家から超自然的要素を抜き取った近代的国家は、大規模な同胞殺戮のあとに独裁制を生みやすいと言えるようである。日本はその起源が神話に基づき、その文化の中枢部はかつて啓蒙されきったことがなかった。ここに日本が二十一世紀を生き抜く鍵があると言ったら超自然的すぎるであろうか。

第９章

仏教伝来と用明《ようめい》天皇

——仏法を信じて神道を尊ぶというメンタリティの成立

なぜか最重要人物を黙殺した井上《いのうえ》論文

『文藝春秋』の昭和四十九年二月号では「天皇日本史」という特別企画を掲載している。ここで井上光貞《いのうえみつさだ》東大教授が仏教伝来について語っておられるのだが、それを少し引用してみよう。非常に奇妙なところがあるのだが、一読して気付かれるかどうかためしていただきたい。天皇名がゴシック体になっているのは原文どおりである。

「……仏教はだいたい五三〇年代ごろに百済《くだら》の王室から日本の王室に伝えられたが、日本の王室はしばらく受け入れないで、五九〇年ごろやっと受け入れられた、となっています。とすると半世紀ぐらいは公認されないわけですね。もちろんこれは伝説だから一つの手がかりに過ぎないわけですが、はじめ、蘇我稲目《そがのいなめ》が仏教を入れようとする。ところが**欽明《きんめい》天皇**も**敏達《びだつ》天皇**も日本としては公認できないといって拒絶する。そこで稲目はプライベートに信仰するわけです。ところが稲目の息子、馬子《うまこ》の代になりますと蘇我氏の勢力が大きくなりましたから、公然と禁をやぶって五八五年、蘇我馬子が百済から伝わった弥勒《みろく》像をまつるために大法会《だいほうえ》をもよおした。そこで**敏達天皇**は怒っていわゆる破仏を行ったということになっている。この説話は信ずるとすると、結局、**崇峻《すしゅん》天皇**のとき飛鳥寺《あすかでら》をつくりはじめ、推古《すいこ》天皇のとき聖徳太子が仏教を国教化するまでには大へんな抵抗があったんだと思います」

一読しただけではどこがおかしいか気付かれないかもしれないが、歴代天皇の御名前が書いてある年表と比較してみられるがよい。欽明・敏達・崇峻・推古の四帝の名をここに挙げながら、敏達天皇と崇峻天皇の間に来るべき用明《ようめい》天皇の御名前が落ちているのだ。

普通の場合なら、日本史を論ずる時に天皇の御名前を全部並べる必要はない。しかしここで話題になっているのは、仏教の伝来と皇室の問題なのである。そして正式に仏教を入れられた最初の天皇は用明天皇なのである。それなのにその前後の天皇の御名前を挙げているのに、正にこの天皇だけが落とされているのは不可解である。

さらに井上教授は、次のように言葉を続けておられる。

「もっともこれ〔仏教の国教化に抵抗があったこと〕は私の考えであって、一般的には津《つ》田左右吉《だそうきち》博士以来の考え方の方が支配的です。それは中国のように道教のような教団組織がすでにあるところには仏教は伝わりにくいが、日本にはそのような抵抗物が何もなかったんだから、すんなり入ったはずだ、というんです」

ここに二つばかりおかしなところがある。その第一は津田博士が、日本には何の抵抗を受けることもなく仏教が入ってきた、という説を持っておられることであり、第二には、この説に反対して、仏教の導入には抵抗があったとする井上教授の説を、井上教授自身が「もっともこれは私の考えであって」この考え方は学会では「少数派」と言っておられることである。

ではこの記述がなぜおかしいのか。

津田《つだ》博士におけるテキスト無視の独断

まず津田博士の説であるが、仏教が日本に何の抵抗もなくすらすら入ってきたということは、『日本書紀』を一読しただけでも考えられないことである。

すなわち巻第十九の欽明天皇の章では、天皇が仏像を拝されようとした時に、物部尾輿《もののべのをこし》と中臣鎌子《なかとみのかまこ》といった重臣が反対してそのことが行われなくなったと明記してある。

次の巻第二十の敏達天皇の章では、「天皇《すめらみこと》、仏法《ほとけのみのり》を信《う》けたまはずして、文史《しるしふみ》を愛《この》みたまふ」と、これまた開巻劈頭《へきとう》の節にある。文史とは儒学のことと考えられるから、「天皇は仏教嫌いで儒教が好きだった」ということである。そして寺など焼かれたということも書いてある。

さらに巻第二十一の用明天皇の章では、この仏教問題で内乱があったことまで記してある。

これほど明々白々な仏教問題の記録があるのに、仏教がすらすらと日本に入ってきたと津田博士が言われたとすれば、『日本書紀』を読んでいなかったか、それとも、この日本最古の正史に何度も明記されている事項でも、まったく顧慮するに値しないと考えられたかのいずれかであろう。それがいずれであれ、津田博士の名誉になることではあるまい。

津田博士が戦前において独断的皇国史学に反し、巨大な業績をあげられたことに対しては私は深い敬意を抱いている。特に戦前に著書の発売禁止や論文の発表禁止のような迫害を受けながらも、戦後は歴史家として天皇の存続を支持された公平さには、心から敬服しているものである。津田博士が戦後ほとんど偶像視されたのは当然のことであろう。私も学生の頃は、その著書を読みもしないうちから博士を鑽仰《さんぎょう》していた。ところが大学二年の時だったと思うが、博士の学問にちょっと疑念を持つことがあった。

それは『源氏物語』についてレポートを書いていた時のことである。私は「紫式部の女性観」というようなテーマを考え、「帚木《ははきぎ》の巻」の「雨夜《あまよ》の品定め」を中心に、紫式部の同性についての考え方を示すような言葉のあるところを、『源氏』からかき集めたのであった。

その時、私は参考書として津田博士の『文学に現はれたる我が国民思想の研究』をひもとき、紫式部のあたりを特に精読した。しかし利用できるところは一行として発見できなかった。もちろん私の考えていたテーマと津田博士の本とは直接関係ないことであるが、博士の叙述の仕方全体が、テキストの精読を抜きにしているという印象を与えたのである。尊敬をもって近づいた博士の最初の著書から受けた失望感が相当大きかったことは、昭和二十六年のことをいまなお鮮やかに覚えていることからもわかる。

こんな英文科の学生時代の記憶などは、津田博士の学問の価値とは何の関係もないことだとは思っていたが、ひょっとしたらこの印象は案外、正鵠《せいこく》を得ていたのかもしれないという気になったのは、吉川幸次郎《よしかわこうじろう》博士の「生まれた日」という『世界』に掲載された一文である（『全集』第二巻）。

これは津田博士が「シナ人の伝記を読むと……生まれた年月はほとんど書いてない……その日（誕生日）をよき日として何らかの儀礼が行われたかどうか……その人が死んだあとには誕生日を記念するということは全くない」と言われたことに対して、吉川博士が一つ一つ実例を挙げて否定しておられるのである。

誕生日を記された最初のシナ人はおそらく孔子《こうし》であるとのことであり、自分の誕生日を記した最古のシナ人は屈原《くつげん》とのことである。孔子の誕生日は「春秋」の公羊伝《くようでん》および穀梁《こくりよう》伝《でん》にあるとのことであるから、『左伝の思想史的研究』の著者である津田博士にしては腑に落ちない記憶違いと言うべきであろう。

津田説には時々、びっくりするようなテキスト無視の独断が入りこんでいることもあるということを念頭におけば、「仏教が何の抵抗物もない日本にすんなり入ってきた」という説も、そう簡単には信用できないと言っても許されるのではないかと思うのである。

もう一つの問題は、井上光貞教授が、仏教が日本に入ってきた時に抵抗があったということは「私の考え」と言っていることである。しかしこれはおかしな話ではなかろうか。日本の最初の正史である『日本書紀』には、先ほど引用したように、三章にわたって仏教渡来のために生じた摩擦について記述しているのだ。いまさら「もっともこれは私の考えであって」というのはおかしい。はっきり言って不遜《ふそん》である。

『日本書紀』をかくも軽視し、無視することは、私が井上教授の説についてあれこれ言うよりはるかに度を越した不遜であると言ってよいであろう。記紀の信憑《しんぴょう》性に疑念を出した津田博士さえも、応神天皇以後については、ほぼ信用すべき記録があったとする立場にあったと記憶する。応神天皇は第十五代なのに、欽明天皇は第二十九代、用明天皇は第三十一代というふうに時代も新しいのだ。

欧米の古代史文献と『日本書紀』の違いとは

過去および現在の日本古代史の権威とされている人たちが、素人目にもおかしなことを言うのはなぜであろうか。その第一の理由はほかでもない、『日本書紀』に対して普通の態度がとれないからであろう。津田博士の場合は、古い文書が一度は受けなければならない文献学的批判であったと思う。そういうことは西洋の十九世紀にもあったことである。神代に関する記事をそのまま歴史的事実として押し付けようとした戦前の政策はお話にならない非学問的なことであったから、津田博士がそれに対して疑義を出したことは勇気のある立派なことであった。それに対しては文句はない。

しかし戦後の日本の歴史学者の間では、『日本書紀』を持ち出すと、「津田博士以前の学問である」として片づけられるという風潮が強いという。こんなところから、「仏教の日本導入には抵抗があった」という『日本書紀』に詳述されていることを、井上教授は「私の考えであって」などと言われるのであろう。

まさかそんなことはないと思うが、こんなことを読んでいると、戦後の日本史の学徒は、『日本書紀』を読まないことを前提としているのではないか、などという疑念さえ湧いてくるのである。

素人である私は、もちろん記紀を研究したなどと言ってはいけないであろう。『古事記』は大学の時に読まされたし、『日本書紀』は日本漢文学史の授業でサンプルを読まされた。ほか、外国で日本の歴史の話をした時、いろいろの参考書を調べるよりも、「八世紀に書かれた日本の正史にはこうある」と言ったほうが簡単なので通読したと言った程度である。

しかし西洋の、特にゲルマン人の古文書で彼らの古代史を比較的丁寧《ていねい》に読んでいた私の目から見ると、『日本書紀』などは実に大した歴史書であることがわかる。記紀を軽んずる日本歴史の学者がたに、イギリスやドイツやフランスの当時の歴史を一度見られることを勧める。そうすれば、いわゆる皇国史観とまったく関係のない外国人の学者が、なぜ記紀を軽んじないか、なぜ今上陛下を百二十四代の天皇と呼ぶことを躊躇《ちゆうちよ》しないかもわかるであろう。

神代の時代の記録さえ、いまの地名と関係ある神話なのだから、歴史時代のことについては、まず『日本書紀』に何が書いてあるかを見てから外国の記録や考古学的遺跡を考えてみるのが第一歩であるというのが、史学というものの常道ではないかと思うのである。

日本の史学者が仏教渡来に関しておかしなことを言うもう一つの理由は、宗教に対して無関心であったからではないかと推測される。津田博士も井上教授も個人的には存じ上げないから何とも言えないが、唯物論的な見方で歴史を扱っておられるような気がする。そうでもなければ、明らかにカミを祀ることを最も重要な任務の一つとしていた天皇の宮廷に、無抵抗で仏教が入ってきただろうと想像できまいし、また、仏教渡来のことを語って、その頃の天皇の名前をいくつか挙げながらも改宗した最初の天皇の名前を落とすということはできなかったであろう。

では『日本書紀』の記述に相応の注意を払い、しかも改宗という精神的な事件にも目を塞がないで、日本への仏教渡来という事件を考えたらどうなるであろうか。それは保守派と進歩派の政治的抗争の一つの図式となるのである。

仏教受容における国際派と国粋派の暗闘

蘇我氏は武内宿禰《たけうちのすくね》の子孫とされている。この武内宿禰は、戦前は一円札の肖像だったり、長寿の代表者として国民のなじみであった。『日本書紀』では景行《けいこう》天皇の熊襲《くまそ》征伐や神功皇后の三韓征伐に参加し、応神天皇の即位に与《あずか》って力があったとされている。いわゆる三韓征伐の具体的な内容はともかくも、武内宿禰とその子孫の蘇我氏が、半島と密接な関係があったことはたしかである。

蘇我氏には韓子《からこ》がおり、その子が高麗《こま》で、その子が稲目《いなめ》である。また女子のほうでも、雄略《ゆうりやく》天皇の妃であり清寧《せいねい》天皇の母になった韓媛《からひめ》という女性がいる。

こうした名前が実際、何を意味しているかはわからない。当時の南朝鮮は日本の勢力圏内にあり、また血族的にも神話的にも繋がりの濃い民族が住んでいたらしいのであるから、その血が混じっているという意味かもしれないし、またその地で生まれたのかもしれない。あるいは蘇我氏の朝鮮好みが、その国にちなんだ名前をつけさせたのかもしれない。ちょうど、ヨーロッパに特別親近感を持っていた森鷗外《もりおうがい》が、自分の子供に、オットーとかルイとかマリとかアンヌとかいう、外国人の名前の響きと同じになる漢字をあてた名前をつけているように。いずれの場合にせよ、蘇我氏が朝鮮に対してなみなみならぬ親近感を持っていたことはたしかである。

その蘇我氏は、次第に物部氏の勢力に抑《おさ》えられるようになっていたのであった。ところが欽明天皇が蘇我稲目の娘を妃としてから、再び先祖の武内宿禰のごとく大臣となり、物部氏の上にいるようになったので、両氏の勢力争いは当然だったと言えよう。特に両氏の争いの焦点の一つは宗教問題であった。これには外交問題がからむのである。

蘇我氏は外国の事情をよく知っていたし、当時の大陸でも、朝鮮でも仏教が普及し、その深遠な教理が高い文化を作っていることも知っていた。それで欽明天皇の十三年（信頼すべき考証によれば七年）に、百済《くだら》の聖明王《せいめいおう》が、仏像や経論《きょうろん》とともに、仏教礼賛の手紙をつけてよこした時も、別に驚かなかった。蘇我氏にとっては仏教についての話は珍しいことでなかったに違いないのだから。百済王の手紙には次のようなことが書いてあった——（この手紙に用いられた文字遣いから、『書紀』が編纂される時に新しく書かれたものであることはほぼ確実視されるが、それは『書紀』の書き手が自分の知っている手近なお経の文字を使っただけの話で、内容的にはほぼ変わらないことが書かれてあったと伝承されていたのであろう）。

「このお経に書いてあります法は、もろもろの法の中で、特に最もすぐれているものです。周公《しゅうこう》や聖人と言われる孔子でも知解し難くまた入り難いものであります。賢人と言われる周公や聖人と言われる孔子でも知ることができないほど深遠なものであります。この法は、量り知れず限りのないほど広大な福徳果報《ふくとくかほう》をなして、すぐれた菩提《ぼだい》をなしとげます。たとえば〔打出の小槌のような〕人の思うようになる宝物があれば、それを使って思いのままのことができましょう。この妙法の宝もまったくそのようなものであります。祈願することは思いのままになって、欠けるところがありません。それにこの法は遠くは天竺《てんじく》から近くは三韓《みつのからくに》に至るまで、教えのとおりに奉持《ほうじ》され、みんなが尊び敬っております。それで百済の王臣明《めい》は謹んで陪臣のヌリシチケイを派遣して、貴国に伝え奉る次第でございます。国中に流通させ給うならば、『わが法は東に伝えられるであろう』という仏のお書き残しになったことを実現することになるのであります」

この日、天皇はこうした手紙の内容を最後までお聞きになると、歓喜のあまり躍り上がられたと言う。そして百済からの使者に向かってこうおっしゃられた。

「私はいまだかつて、こんな精妙な法のことを聞いたことはない。だが、仏教を受け入れるか否かは、独断で決めるわけにはいかない」と。

それで天皇は群臣に向かって次々と下問されたのである。

「今、西の国から献上して来た仏像の御顔はまことに端厳《たんげん》である。私はいまだかつてこのようなものは見たことがない。礼拝してもよいものだろうかどうだろうか」と。

すると蘇我稲目は、上奏した。

「西の国々はすべて、みな仏像を礼拝しております。日本だけがそうした国際的習慣に反するわけにもいかないでしょう」と。

国際派の意見には当然、国粋派が対抗する。物部尾輿と中臣鎌子の上奏は次のようなものであった。

「わが国の天皇が天下に王《きみ》たるのは、恒《つね》に百八十《ももあまりやそ》もある天神地祇を、春夏秋冬、お祀りし、礼拝するからであります。もし今、急にこれをやめて、外国の神を拝まれるならば、おそらくわが国の神は怒られることでありましょう」と。

そこで天皇は、自分が礼拝なさることを断念されて、その仏像を欲しがっている蘇我稲目に与えて、試験的に礼拝させたのであった。

ところが蘇我氏が寺を建てて仏像を拝んだところ、国中に疫病が起こって多くの死者が出たのである。それが長いこと続いて、いつになってもおさまらない。それで物部と中臣は、「これこそ、先にわれわれが上奏したように、わが国の神々の怒りに触れた結果によるものであるから、すぐ仏像を廃棄なさいますように」と上奏した。天皇はこの上奏を容れて、寺を焼き尽くさせ、仏像を難波《なにわ》の堀江に投棄させたのである。

このあたりの記事は、『日本書紀』と『元興寺《がんごう》縁起』とでは、三十年ばかり時間のずれがあるが、いずれにせよ、仏教を奉じようとした国際派は、国粋派に敗れたのである。

この欽明天皇のあとに即位された敏達天皇は、欽明天皇と皇后の石姫皇女《いしひめのみこ》（宣化《せんか》天皇の娘）の子であって、蘇我氏の血が入っていない。それで仏教好きな蘇我氏にも好意を持っていなかったと見える。「天皇、仏法を信《う》けたまはずして、文史を愛《この》みたまふ」と前に引用したとおりである。そして蘇我氏をはじめ、仏教に帰依した者たちの家やら仏像やら寺を、破壊したり焼かれたりしたのであった。

ところが欽明天皇には、石姫皇女のほかに、蘇我稲目の娘の堅塩媛《きたしひめ》が妃として入っていたが、この腹から、用明天皇と推古天皇がお生まれになったのである。つまりこのお二人にとって、稲目は母系の祖父である。仏教に対する最初の迫害があったあと、稲目は当時皇子であった用明天皇と、皇女であった推古天皇（豊御食炊屋姫《とよみけかしきやひめ》）に遺言を残した。それは「天皇の許可を得て仏教を修めたのに、いまやそれは滅ぼされようとしている。しかし絶対に仏法を捨てるな」というのであった。

そしてこの遺言は、まことによく守られたのである。すなわち用明天皇は最初に仏教を奉ずる天皇になられ、推古天皇とその摂政《せっしょう》の聖徳太子は、大いに仏教の興隆に努力されたからである。つまり仏教は蘇我氏を通じてその娘の欽明妃に入り、その子の用明天皇に至って天皇の宗教となったのである。その後は、天皇で仏教徒であるのは普通のことになった。

特に頭を剃《そ》られた天皇だけでも実に四十人に及ぶ。

「仏法を信じ、神の道をも敬う」形の成立

用明天皇がターニング・ポイントであった。天皇は新嘗祭《にいなめさい》を執《と》り行われたあと、急病になられて宮殿に帰ってこられた。心配して群臣が集まった時に、「私はここで仏教に帰依しようと思うが、お前たちの意見はどうだ」と仰せられたのである。大臣蘇我馬子は、「天皇の仰《おお》せられるとおりにして、仏の助けを借りるべきだ」と奏上した。これに反し、物部守屋と中臣勝海《かつみ》は天皇の意見に反対し、「どうしてわが国の神々に叛《そむ》いて、よその国の神を敬うことができようか。そんなことは神代以来聞いたことがない」と主張したのである。何しろ中臣氏の先祖は天児屋命《あめのこやねのみこと》であり、天の岩戸の時に祝詞《のりと》をあげ、天孫降臨にも関係した日本のカミを祀る本家みたいなものであるから、仏教は偶像崇拝と思われたのであろう。

また物部氏の先祖の饒速日命《にぎはやひのみこと》、天つ神の子孫の先駆隊みたいになって、神武天皇の大和平定を助け、鳥見山《とみやま》に天の神を祀ったのである。いずれも「わが国の神々」の立場に頑強に立った国粋派であった。しかし結局、この国粋派は蘇我氏に滅ぼされるのである。何しろ天皇御自身が改宗の意向を明らかにされたのだから、国粋派としては気勢が上がらなかったのだろう。徳川慶喜《よしのぶ》が恭順の意を表してしまえば、幕府軍は戦えなくなるのと同じ

ようなものである。

ここまでの話だと、隣国から、いわゆる「高級」宗教が伝来し、幾多の抵抗がありながらも、結局、土着の宗教を征服したという話にすぎない。こんな話なら、キリスト教が伝《でん》播《ぱ》していった時のゲルマン人の諸部族にも見られたことで、別に珍しいことでもないと言える。しかも後宮から入る例がそこでも少なくなかった。日本への仏教普及は、いわば国際パターンに従ったものであったと言えそうである。ところがよく見るとまったく異なるのであって、私はここに「日本的なるもの」の原型を見る思いがするのである。

仏教に改宗した最初の天皇であられる用明天皇について、『日本書紀』は、「天皇は仏の法を信けたまひ、神の道を尊《う》びたまふ」と記しているのである。神棚の下に仏壇をかざったり、神式で結婚をやり仏式で葬られるという珍しい日本人の宗教生活の淵源《えんげん》は、正に用明天皇にあったことになる。仏法を信じて神道を尊ぶというメンタリティこそ、日本人そのものなのではないか。

仏教はインドで発生しシナ大陸にひろがり、朝鮮を経て日本に入って来たが、日本以外の国で、仏教が同じ個人のなかで、他の宗教と共存したところがあるであろうか。私は寡《か》聞《ぶん》にして知らないのである。百済の王室は仏教信者だったが、その後の朝鮮半島でも、仏教と儒教を共存させた王朝はないと聞いている。日本だけはどうして特別なコースを取ったのであろうか。

それはやはり皇室に断絶がなく、したがって、先祖に対する特別高い尊崇《そんすう》が切れることがなかったからだったと思う。用明天皇は病気になったのでその治療を求めて仏教に頼られたのである。しかし、いままでの先祖の祀りをすっかり抛棄《ほうき》する気にはならなかったのであろう。事実、この天皇は皇女酢香手姫《すがでひめ》を伊勢神宮の奉祭者として決めているのである。この姫は三十七年間もこの職におり、推古天皇の時代にまで及んだという。

その後も、仏教興隆に力を尽くされた天皇は、しばしば伊勢神宮の祭祀に熱心である。たとえば諸国に金光明経《こんこうみょうきょう》や仁王経《におうきょう》を講ぜしめ、薬師寺《やくしじ》を建て、全国の家ごとに仏壇を作って拝むように命じられた天武天皇は、伊勢神宮の式年遷宮《しきねんせんぐう》を定められ、これは今日まで続いている。

日本の家庭に仏壇と神棚が置いてある理由

この奇妙な現象は、やはり宗教の変質と考えてよいものだと思う。つまり個人としての宗教は宗教として、そのほかに先祖を祀ることは旧のごとく行うということである。何しろ開国以来の儀式だから先祖の祀りだけはくずさない。そしてこの頃からカミ信仰は、先祖崇拝の傾向を強めていったように見える。何しろ先祖というのは、血の繋がりであるから、そもそも事実であって無理な教義を必要としない。「神道にドグマなし」とよく言われるけれども、先祖を崇拝するのに理屈は要らない。魂の平安のために何か特別の理屈が欲しければ、仏教なり道教なり何なり求めてもよい、というふうになっていったと思われる。偶像崇拝を徹底的に排除するユダヤ人も、先祖の祀りは熱心で、死んだ人の記念はよくやる。故人の好物を供えたりする人もいるという。これは日本の民間における仏壇と同じみたいなものになる。というよりは、日本の仏壇というのが、先祖崇拝のためにあるので、釈迦《しゃか》の教えとはほとんど関係がない場合が多いのである。この意味において、日本のカミは普通の宗教とは別に考えておいたほうがよいと思う。

用明天皇以来、皇室が先祖崇拝は伊勢神宮で、個人的信仰は仏教でやりだすと、他の豪族も真似《まね》しだすのである。蘇我氏の開明主義に反抗し、「天皇は何とて外国のカミの前にひざまずき給うのか」と言って滅んでいった神道の本家の中臣氏も、間もなく「氏寺《うじでら》」を建てる。これが興福寺《こうふくじ》であるが、これと並列して「氏神」を祀るのである。これが春日《かすが》神社であり、そこに祀られるカミは先祖の天児屋根命である。

国粋派までが「氏神」と「氏寺」を持った時に、日本文化のその後の流れは決まったようなものである。そして日本の村では、人々はみな鎮守の社《やしろ》を持つとともに菩提寺を持つようになったし、個人の家庭では神棚と仏壇ということになった。

このような具合だから、日本では保守も進歩も、ちょっと目を離すとわけがわからなくなる。強大になった蘇我氏を倒すクーデターを起こした中大兄皇子《なかのおおえのおうじ》（のちの天智《てんじ》天皇）と協力した中心人物は中臣鎌子《かまこ》（のちの藤原鎌足《ふじわらのかまたり》）であるが、彼の先祖は蘇我馬子に滅ぼされた中臣勝海であり、また母方の先祖もその時滅ぼされた物部守屋の子孫であった。系統から言えば国粋保守派だが、実際にやったのは大化改新という開明進歩主義政策であった。

このパターンが面白い。先頭切って外国思想を入れた蘇我氏が滅び、元来は保守派であった藤原（中臣）氏が永続的な地位を確立する。幕末でも幕府は元来開港主義だったのに、これが倒されて、もともと攘夷派だった薩長が維新に成功するのである。

戦後もそのヴァリエイションが見られるように思う。元来はアメリカと戦って敗れた側の人間、つまり戦後も天皇制護持といっていた保守派の人間が中心になって史上最もめざましいと言われる経済成長を実現し、いまみるように、どの国にも劣らない自由と平和な国を実現した。そしていまほど日本が外国に対して開かれた時代はない。しかもその政権が一貫して保守党であることは、興味ある歴史の逆説である（本書執筆当時）。

第10章

英雄・日本武尊《やまとたけるのみこと》は、なぜ抹殺されたか

——その危機管理と計略に学ぶべきこととは

戦後失われた「武」を尚《とうと》ぶ精神

「世」という字は、元来は「卅」、つまり「三十」の意味である。三十年を一世代というのは東洋の考え方であったが、西洋でも一つのジェネレイションは三十年ということになっている。ジェネレイトとは「子供を作る」という意味で、生まれた子供が成人して自分の子供を作るようになるまでの期間をジェネレイションと言うわけだ。

私は三十歳で結婚したので最初の子供ができたのは三十二の時である。もっと若くして作る人も多い。アメリカでは十八歳で長子を産む女性が一番多いそうであるから、その割合で言うと三十六歳でお婆さんになる人が最も多いということになる。すると三十年とちょっとで二サイクル回ることになるが、なるほど世の中は忙しくなったものである。

もう一つ「世」に関した語源を挙げるとすれば、英語のワールド（world）、あるいはドイツ語のヴェルト（Welt）がそれである。それこそそろそろ一世代前の話になるが、ドイツの大学での博士の口述試験で、このワールド（すなわちヴェルト）のことを聞かれたことがあるから、私にはちょっとした思い出のある単語である。

ワールドの前半、wer は「人間」という意味で、いまでもwerewolf（「おおかみ人間」、語順どおりに言えば「人間おおかみ」）という単語に残っているし、ラテン語 vir（男）とも同語源から生じている。後半の部分は、元来はalt（old）であって、「年齢」のことである。つまりワールドは、「一人前の人間に成長する時間」ということで正に一世代のことであった。その時間観念が、いつの間にか空間的な属性を強調されて、「世の中」とか「世界」になったのである。

一九七五年は敗戦後三十年であった。正にわれわれはあれから「一世代」を生きたのである。あるいは「一つの世界」を過ごしてきたと言ってよい。では敗戦後の「世界」と、それ以前の「世界」で根本的に違ってきたものは何であろうか。人はいろいろ数え立てるであろう。旧憲法から新憲法へ、とか、男性上位から女性上位へとか、尊属尊重から卑属尊重へとか、右翼跋扈《ばっこ》から左翼跋扈へとか、いずれも真実であろう。

しかし私にとって特に目につくのは、「武」と言うことが、公的な生活からも、私的な生活からも大幅に消えてしまったことである。もっとも三島由紀夫のような尚武《しょうぶ》の鼓吹《こすい》者も出たが、ああいう形の尚武は、むしろいかに社会全体に「武」が消えているかの証明になるであろう。

戦後は何が何でも「文」であった。元来は受験雑誌社として知られていた旺文社さえ、終戦後間もなく、『生活文化』という雑誌を出したぐらいである。そして文化の中心は大学だと言って、あっという間に、ヨーロッパ全体の大学数の何倍かになる大学を魔法のように作り出したわけであった。

そういう文化の中心は、さぞかし文化的なことだろうと思うと、さに非《あら》ずして、大学は常に暴力の巣窟《そうくつ》であり、破壊活動者の供給地であり、内ゲバの戦場であった。特に大学紛争当時は、武装した大学解体論者たちに対して、文化的な大学当局は何もできずに、ただただおろおろしているだけであったことは、誰でも覚えているであろう。

それが何とか収拾されたのは、機動隊という「武」が出動したからであった。「武」という漢字は「戈《ほこ》」(武器)を「止《とど》」めるという会意文字《かいいもじ》だと教えられたことがあったが、まことに機動隊によって、戈(ゲバ棒)は止まったのである。

昔の人はその辺のことをよく知っていた。「武」の目的があくまでも「泰平」であることは戦国の武将ですらも認識していたのである。圧倒的な「武」がないと、いたるところで小暴力が起こって庶民が困ったというのが戦国時代の意味なので、この小暴力時代にケリをつけた家康は権現様《ごんげんさま》として祀られたのであった。

このように「武」は元来嫌悪すべきものでなく、むしろ「文」を可能にする前提のようなものである。しかしこの前の戦争の被害があまりに大きかったことや、アメリカの占領政策や、その後のイデオロギー的問題によって、「武」はとりもなおさず「悪」と規定する風潮が強い。特に学校においてそれが甚《はなは》だしい。学童は与謝野晶子《よさのあきこ》の名前を知っても東郷平《とうごうへい》八郎《はちろう》の名前を知る者は少なく、日露戦争で文字どおり連戦連勝の奇跡的武勲を立てた第一軍の司令官黒木為楨《ためもと》の名前を知る子供は、皆無と言ってもよいであろう。

こんな具合であるから、古代日本における代表的武人であった日本武尊《やまとたけるのみこと》（『古事記』の表記法では倭建命）がすっかり忘れられているのも少しも不思議はない。現代の歴史家たちは、その時代のことを「神話」として一切扱うまいと決心しているかのごとくであって、あんなに立派な御陵の残っている景行《けいこう》天皇も、その子の日本武尊も、年表に載せてもらえないのである。

子供の頃に佐藤紅緑《さとうこうろく》が『キング』か『少年倶楽部』で日本史について放談しているのを読んだことがあった。ほかのところは忘れたが、「日本武尊がおられなかったら、日本古代史は実にさびしいものになってしまう。この方こそは日本の典型的な英雄だ」というようなことを言っていたことを覚えている。英雄ということはこの場合、「武」の模範ということである。

いま数えてみても、日本武尊に関する記事の量は、『古事記』の中巻の五分の一に当たる。これは皇位に即くことのなかった一皇子に関する記事としては異常な分量であって、記紀が作られた頃の日本人にも、この英雄的皇子のことはいろいろと語り継がれていたのであろう。ではこの武人はいかに生き、いかに死んだのであろうか。

少年・日本武尊の恐るべき返事

一卵性双生児というのは、生物学的与件《よけん》がまったく同じ二人の人間であるので、「環境と遺伝」の相関関係を研究するのには最も貴重なデータになるのだそうである。ヒトラーはまったく非人間的な方法でその研究の便宜を図《はか》ってやったというが、人間の場合はいくら貴重なデータとなりうるものでも、単にデータとして扱うわけにはいかない。しかしそれにしても生物学的に同じ二人の人間が、どのような相違をその後に示してくるものであるかは興味深いものがある。

『日本書紀』の筆者の作意かどうかはわからないが、日本武尊は双生児の一人であった。父である景行天皇は、同じ日に、一つの胞衣《えな》から二人の男の子が生まれたのを異様に思って、碓《うす》に向かって嘆声を上げられた。それでこの時の双生児を、大碓命《おほうすのみこと》と小碓命《をうすのみこと》（日本武尊）と称するようになったという。そしてこの二人は、性格も体格も対照的に描かれている。

景行天皇は美濃《みの》の国造《くにのみやつこ》に、二人の娘がいて非常に美人であるということを耳にされた。それで大碓命を派遣して、その二人の娘を宮廷に召し出されたのである。ところが使に出された大碓命は、この二人の娘を見ると自分のほうが好きになって、手をつけてしまうのである。そして別の女の子を二人探して、「これが美濃の国造の二人の娘です」としてさし出した。ひどい息子もあればあったものである。

天皇のほうではこの二人が美濃の国造の娘たちでないことを知ったので、御前に召し出されても、いつもつくづくと見つめられるばかりで、御同衾《どうきん》なさらず、ただ物思いにふけられるばかりであったという。

『日本書紀』のほうは、もっとはっきりと、「大碓命、便《すなは》ち密《ひそか》に通《たは》けて復命《かへりことまう》さず、（天皇は）是《これ》に由《よ》りて、大碓命を恨《うら》みたまふ」としてある。特に処罰しないところが面白い。そういう場合の父親としては、ほかにやりようがなかったのであろう。

ところがこの大碓命は、朝夕の天皇の食事の時も出てこない。当時の天皇の食事がどのようなものであったかはわからないが、相当に神事に関する部分もあって、皇子たちはそれに奉仕するような習慣があったのではないかと思う。そうでなくても食事をともにするということは、人間生活においては重要なことであって、イギリスのカレッジのように、講義をサボるのは自由だが、食事に欠席することは重大な過失になるというところもある。古代における天皇の宗教性から言って、食事は修道院の食事のようなもので、簡単に欠席できるものではなかったのであろう。それで天皇は小碓命を呼んで、

「どうしてお前の兄の大碓命は、朝夕の大御食《おほみり》に出てこないのであるか。御苦労だが、出

て来るように、お前からよく言って聞かせてもらいたい」

と言い付けられた。ところが、五日経ってもやっぱり大碓命は出てこない。そこでまた小碓命を呼んで、

「どうしてお前の兄は、長い間、大御食に出てこないでいるのか。もしやお前はまだ言い聞かせていないのではないか」

とお聞きになると、「もうたしかに言い聞かせておきました」と答えられた。それで天皇は重ねて「ではどんなふうに言い聞かせたのか。ちっとも出てこないではないか」と言われると、小碓命は、次のような恐るべき返事をなされたのである。

「兄の大碓命が、朝早く厠《かわや》に入った時に、取っ捕《つか》まえて抑えこみ、その手足を引き抜いて、薦《こも》に包んで投げ棄ててしまいました」と。

つまりバラバラにしたうえの死体遺棄である。そうなる前に、この二人の兄弟の間に言葉のやり取りがあったと思われるが、そのあたりのところを補ってみると大体、次のような具合になるであろう。

小「朝夕の大御食に欠席しているようであるが、参加せよとの父上の御命令であります」

大「実は美濃の国造の娘たちの一件以来、親父の顔を見るときまりが悪いんだ。まあ欠

席させてもらうよ」

小「しかし大御食は大事な行事です。こんなに長い間、欠席することが許されるわけのものではあるまい」

大「そう堅いことを言うな。お前はせっせと参加して点数をかせぐがいい。ひょっとしたら代わりに奉った二人の娘は、まだ手つかずのようだからお前にくださるかもしれないぞ。じゃ失礼」

小「待て」

大「おれはいま、便所に行くんだよ。朝っぱらから小面倒なことを言うな」

と言うような会話があったのであろう。

いくら何でも、すぐに殺すということはなかったと思われる。しかし景行天皇は大碓命に少し甘かったような印象を受ける。美濃の娘たちの替え玉事件にしろ、罰することをしなかったし、大御食の長期欠席についても、腹を立てているところがない。「御苦労だが、よく言い聞かせてやってくれ」というように、非常にやさしいアプローチなのである。大碓命は可愛がられた長男だったので、相当スポイルされていた。それで弟が怒ったのである。

兄貴をバラバラにしたという返事を聞くと、天皇はこの小碓命の荒々しい気性を恐れて、すぐに西のほうの熊襲《くまそ》征伐に出されるのである。この辺は、『日本書紀』『古事記』の書き方が違っていて、前者によれば九州に遠征なさったのは景行天皇御自身であり、小碓命は、一度平定された熊襲がまた叛《そむ》いたのを撃ちに行ったことになっている。また大碓命もバラバラにされたことになっておらず、蝦夷《えぞ》征伐にやられそうになったので、それを恐れて草のなかに逃げこんだ臆病者として描かれている。

いずれにせよ、双生児でありながら、大碓命は女たらしの臆病者であるが、それを父の景行天皇は温かく扱っているようである。これに反して小碓命は、背の高さ一丈をすぎる大男で、強力で、気性も荒い人間として扱われており、特に『古事記』では、父に憎まれた者ということになっているのである。事蹟に関しては記紀ともに大差はないのに、父との関係については正反対になっており、『日本書紀』のほうでは、天皇がその日本武尊の武功をほめて特に愛したと書いてある。『日本書紀』のほうがやや公式的であるのに対し、『古事記』のほうは小説的なエピソードが多い。

これだけでも記紀がお互いに関係なく作られたことはわかると思うが、伝承のニュアンスがまるで逆になっている両書が、小碓命という存在と、その武勲の点になるとほぼ一致した記録を残していることは、そういう強い英雄的皇子がいたということが、みんなの記憶に残っていたという証拠と考えるべきで、神話として抹殺しうるもののようには思われない。

「日本武尊」の誕生

九州の熊襲征伐に出かけることになった小碓命は、年わずかに十六歳であった。面白いのは遠征に行く前に、叔母さんの倭姫命《やまとひめのみこと》を訪ねていることである。倭姫命は伊勢に天照大神を祀っている女性である。最初、垂仁《すいにん》天皇の二十五年に伊勢神宮を定められてから、五百年間この神宮に仕え、年は七百歳に及んだという伝説が残っている女性であるが、もちろんそんなことがあるわけはない。これは、代々、伊勢の斎宮《いつきのみや》になられた皇女に初代の斎宮の名を継がせて、倭姫命と名乗らせたものであろう。伊勢には倭姫命の墓が少なくとも三つはあるそうである。

小碓命が遠征に出かける前に訪ねた倭姫命は、垂仁天皇と丹波《たんば》の日《ひ》葉酢媛命《はすひめのみこと》（氷羽州比売命）との間にお生まれになった女性で、景行天皇の妹に当たる方であるから、初代の倭姫命である。小碓命はこの叔母に特に親近感があったとみえて、遠征に行くたびに、出かけて会っている。もっともこれは伊勢に参拝するという意味も大きかったのであろうが。

この叔母から、女性の衣裳一式をもらって熊襲征伐に行くのである。行ってみるとその首長の住居は三重の軍勢に囲まれていて近づけそうにない。そこでその近所を歩き廻りながら、宴会のある日を待っていた。

いよいよ宴会の日が来た時、小碓命は女装して、女たちに混じって入りこむ。すると熊襲の首長熊曾建《くまそたける》は、この見慣れぬ美女に惹《ひ》かれ、自分の側に座らせ、酒の酌《しゃく》をさせながら大いにどんちゃんさわぎをやった。その宴の酣《たけなわ》なる時に、女装の小碓命は突然、その首長の襟首のところをむんずと摑《つか》んで彼の胸を短刀で刺したのである。すると刺された首長の弟はびっくりして逃げ出したが、これを家の階段のところまで追いかけて行って、背中を摑んで剣を尻から刺し貫いて殺してしまった。これを見ていたすでに重傷の熊曾建は、苦しい息の下から、

「ちょっと私を殺すのを待ってください。一つ申し上げたいことがございますから」

と頼む。小碓命は、熊曾建を押し伏せたまま、物を言う機会を与えた。すると熊曾建は、まず「あなたはどなた様ですか」と聞く。そこで小碓命の名乗りがある。

「われこそは、纏向《まきむく》の日代宮《ひしろのみや》にましまして、大八嶋しろしめす、大帯日子淤斯呂和気天《おほたらしひこおしろわけのすめら》皇《みこと》の御子、名は倭男具那王《やまとをぐなのみこ》である。お前たち兄弟二人が、皇威に服せず無礼であるから征伐せよと命令を受けてきたのである」と。

この名乗りは調子が高いので、『平家物語』以降の軍記物語に出る武士の名乗りを思わせ

るものがある。この点から言っても小碓命は日本武士の原型と言えるであろう。それを聞いて熊曾建が答えた。

「きっとそんなことだろうと思いました。この西のほうの国では、われわれ兄弟を除いて恐るべき強い者はいないはずですから。しかし大大和《おおやまと》の国には、われわれ兄弟よりも強い人がいたわけです。ですからいま、名前を献上したいと思います。これ以後はどうぞ倭建御子《やまとたけるのみこ》と称されますように」と。

これを聞くと小碓命は、熊曾建を、あたかも熟した瓜《うり》でも切り裂くようにずたずたに切って殺してしまったのである。その後、みんな小碓命の武勇を称えて、倭建命、すなわち日本武尊の名が美称として用いられるようになったという。

出雲建《いずもたける》を殺すのに、彼が最初にしたこととは

十六歳の美少年だから少女の姿ができたわけであるが、それが一たび武力を奮《ふる》うと、熊襲があっという間に平定されてしまうのである。この後も残敵を掃討したが、「党類《ともがら》を斬り、余《のこ》るもの無し」という徹底ぶりであった。その後の帰路の途中でも、いたるところの悪神《あらぶるかみ》を殺している。美男と若さと強さと残酷さは、吉川英治《よしかわえいじ》描くところの佐々木小次郎とイメージが重なるところがある。

それにもまして注目すべきことは、彼の「計略」である。女装してしのびこむというのは、古代の原住民の頭には浮かばなかった名案だったのだろう。神武天皇の場合もそうだが、実に「計略」が多い。いまの読者から見ると「狡《ずる》い」という印象を受けるようなものすらある。しかし記紀の著者たちは、それを誇らしげに書く。

つまり大和民族は武勇ばかりでこの島を征服したのでなく、頭を使ったのだということである。子供と将棋をさす場合、相手は簡単なはめ手にひっかかる。そんな感じである。たしかに大和民族は、原住民よりはこうした点でも格段に頭がよかったようである。大和民族のほうが、「計《はか》られた」という話はちょっと見当たらないが、大和民族のほうで「計った」例は枚挙にいとまがない。

この「計略」の最も極端な例は、日本武尊が出雲《いずも》に行って、そこの首長の出雲建《いずもたける》を殺した時の話である。これなどはいまの目から見ると、かなりたちの悪い奸計《かんけい》のようにさえ思われるが、『古事記』は臆することなく記している。

日本武尊は出雲国に入り、そこの首長であった出雲建を殺そうと思った時に、まずやったことは、彼と朋友の交わりを結ぶことであった。そして実際に二人は仲のよい友だちになったのである。ところが日本武尊はこっそりと赤檮《いちいのき》で木刀を作り、それが本当の剣に見えるようにこしらえをほどこした。そして出雲建と二人で肥河《ひのかわ》に水泳に行ったのであった。

日本武尊は最初に川から上がって、出雲建が置いておいた剣を自分の身につけて、「剣の交換をしようよ」と言ったのである。それであとから出雲建は川から上がってきて日本武尊が作った偽の剣を身につけることになった。

それを見ると、日本武尊は「さあ、剣で立ち合いをしよう」と呼びかけたのである。出雲建は「いざ」というわけで剣を抜こうとしたが、木刀であるから抜けない。そこをめがけて日本武尊は剣を一閃《いっせん》させ、出雲建を斬り殺したのである。そして歌を詠んだ。

やつめさす　出雲建が　佩《は》ける刀《たち》　黒葛多纏《つづらさはま》き　さ身《み》無しにあはれ

（出雲建が佩いていた剣は、黒葛で柄や鞘を一面に纏いてあるばかりであって、その刀身がない。それを知らずに抜こうとして斬り殺されてしまった。哀れなことである）

「あはれ」とは言っているけれども、自分が騙して殺したのだから、いい気なものである。特に友情を利用して殺したことについては、いまの人なら道徳的反発さえ感ずるであろう。私も子供の時にこの物語を読み、出雲建を「あはれ」と思う気持ちがしばらく続いていたことを憶い出す。しかし考えてみれば、これが「武」というものの本質なのではないだろうか。

武士的危機感を持ちつづけることの重要さ

武士には「殺されたほうが悪い」という鉄則があった。闇夜に後ろから斬り殺されても、やはり殺されたほうが悪いのである。危ないと思ったら闇夜を一人で提灯《ちょうちん》など持って歩くべきではない。屈強な供《とも》を連れるか、明るい時に歩くべきだ、というのが武士の論理である。闇討ちされても、刀を抜いたり、また手を刀にかけておれば、まだ許されたが、刀に手をやるひまもなく斬殺されれば、「油断した者」といって、その家は断絶ということになったものらしい。

同じことは泥棒に対しても言えるので、武士の家が泥棒に入られた、などと言って訴えることはない。そんなことが他人に知られるならば、油断があったということで嘲笑されるのみならず、やはり家を潰される恐れがあった。すりについても同じことである。

寝ている間でも殺されたら、殺されたほうが悪いし、条約だろうが、政略結婚だろうが、利用したほうがよいので、利用されても自分が滅ぼされたら、滅ぼされたほうが悪い。そういうきびしい掟《おきて》があるから、かえって、「武士に二言なし」などという道徳が生まれるわけだが、終極的にはやはり、二言があろうとなかろうと、殺されたり滅亡させられたほうが悪いということは了解事項であった。だから武士が日本武尊と出雲建の物語を読むならば、やはり「出雲建に油断があった」と言うであろう。

日本武尊の時代から、武士に至るまで、「奸計も実力のうち」というような道徳があったことは嘆かわしい、というのも一つの見方である。しかし武士の論理が国民のなかから消えるのも、やはり危険なのではないかと思う。

たとえば明治維新の志士たちである。彼らが明治政府を作った時、そこに共通していた了解事項は、「すきを見せたら外国に占領されるぞ」ということであったと思う。彼らは一人として近代的教育を受けた者はいなかったが、外交における失敗はほとんどない。危険に対して敏感だったので、外国に「甘える」という発想が少なかったのである。それに武士的危機感がいつも身についていたから、比較的安心な外国と油断ならない外国との見分け方が正しかったように思われる。英米を味方にしようとしたのはその判断であった。

明治の日本は陸軍を作ったり、憲法を作ったりする時、ドイツやフランスの知恵を大いに借りている。特に伊藤博文《いとうひろぶみ》がドイツ式の憲法に惹《ひ》かれ、ビスマルクを尊敬していたことは周知の事実であった。しかし日露戦争のような場合、あてになる国としては、むしろアメリカを考えている。

一般には評判の悪い元老の井上馨《いのうえかおる》でも、何か政策が行われた時は、それが外国、特にイギリスの新聞にどう扱われたかを、はたの者が見てもおかしいと思うくらいに気にしたという。井上馨は、まだ聞多《もんた》と言われていた時代に、闇討ちにあって殺されかけたことがある。イギリスは同盟国だと言っても、いつどう動くかわからないという気があったのであろう。油断が命とりになることを彼は文字どおり肌で知っていた。

ライシャワーさんの本のなかで、維新の元勲の一人である井上馨が死んでから、日本の外交政策の質が急に落ちた、というような趣旨の発言があったと思うが、「油断」という立場から解釈すれば理解できるような気がする。たしかに日本はその後、英米を敵に廻すような方向にどんどん動いていったのである。

昭和十四年八月二十八日に、平沼《ひらぬま》内閣は「欧州の天地は複雑怪奇なる新情勢を生じ……」という有名な言葉を残して瓦解《がかい》した。当時、陸軍が中心になって、日独伊軍事同盟の準備を進めていたが、天皇はじめ、多くの反対があったので、「これは対ソ防共協定の延長線にある」ということを陸軍が主張し、平沼首相も、そういう理由から天皇の承諾を得ていたのである。ところがドイツはまったく抜き打ち的に、ソ連との不可侵条約を締結したのであるから、平沼のメンツが立たず、内閣総辞職になった。ヒトラーの真意は当時の陸軍の首脳などの理解を越えたことであったのである。

陸軍軍人はすでに維新の志士のような危険は知らずに、「勝った、勝った」の連続のなかで、組織内の出世をしてきたのであったから、真の意味での、つまり戦国大名のような意味での注意深さはなかったと言ってもよい。もっとも、スターリンでもヒトラーには一ぱい喰わされたのであるから、日本の軍人が引っかかったのも無理がなかったとも言えよう。以前、私はハーマン・ウォークの『ウインズ・オブ・ウォー』(『戦争の嵐』という表題で訳されている)を読んだ時、そこに描かれているルーズベルトの考えの深さに驚愕したことを覚えている。ルーズベルトを日本武尊とするならば、日本もドイツも、出雲建か熊曾建のように単純だという印象を受けたのであった。

ニクソン・ショック、つまり日本を頭越しにした北京訪問やらドル切下げをしたことが、日本人を驚かした時、私は日本の政府が少しもその可能性を考えていなかったらしいのに、むしろショックを受けた。武士の論法で言えば、ショックを受けたほうに油断があったのである。ドルの切下げの可能性などは、素人の私でさえ時々口にしていたことだった。アメリカに戦後甘やかされた日本政府は、出雲建のごとく慌《あわ》てたのである。裏切るはずのない国が裏切ったのであるから、オイル・ショックも似たようなことであった。

最近の国防論議を聞いていると、「日米安保条約を絶対のものと思うな、アメリカ側からやめることもありうるぞ」という声が聞こえてくる。これは大いに結構なことであると思う。同盟国は常に裏切る可能性があるものと考え、そうされないような手を打っておくことが国防の要諦だと思うからである。

それなのに、いまなお、「有事には国連に頼る」などという出雲建が少なからず国会議員にいるのには驚く。もっともこういう論者は、会社一つ自分の手で守った経験もなく、賃金値上げ要求団体代表として国会議員になったにすぎない場合が多いのだから、どだい、武士的な油断のなさを期待するほうが無理なのかもしれない。

しかし何が何でも、政府当局者は、絶対に寝首をかかれたり、闇夜で後ろから斬りつけられることのないような注意深さが欲しい。斬られてから「あはれ」などと同情されても遅いのである。

第11章

古代の日本における愛のかたち

――弟橘比賣命《おとたちばなひめのみこと》は、なぜ自《みずか》らを犠牲にしたのか

戦争に行く男を見送る女のまなざし

奇妙な話だが、少年の頃、私は「出征兵士を送る歌」を歌ったり、聞いたりすると、一種のエロチシズムを感じたものである。たかが小学生のことだから、たいしたことはない。しかしその体験はわれながら理屈に合わぬものだったので、あとあとまで記憶に残ったのであろう。歌詞は次のとおりなのだが、どこにも性的な言葉はない。

わが大君に　召されたる　生命《いのち》光栄《はえ》ある　朝ぼらけ
讃《たた》えて送る　一億の　歓呼《かんこ》は高く　天を衝《つ》く
いざ征《ゆ》け　つわもの　日本男児

しかしかの奇妙なエロチシズムの理由がいまではわかるような気がする。それはこの歌詞が書かれていた本——おそらく『少年倶楽部』だったかもしれぬ——の挿絵のせいである。そこには若い凛々《りり》しい少尉か中尉が、汽車のデッキに立っており、それを見送る子供と若い妻が描かれていた。当然子供たちは可愛らしく、若妻は美人であった。

当時、日本の男子が出征することは、たとえるものもない最高の義務であり、名誉であるとされていた。兵士のだれ一人として心から喜んで出征した者はなかろう。しかし喜んで出征すべきものであるという通念が断乎として支配していたのである。日本の男と生まれた以上は仕方のないことであった。日本の男の子たちは、常に戦争ごっこをして幼年期を送り、中学に入れば軍事教練やら何やらで、次第に覚悟を作り上げていったのである。

しかしそれは男の話である。日本の女たちはどうだったろうか。日本の母や、妻や、娘たちはどうだったろうか。彼女らは、愛する息子が、または夫が、あるいは婚約者が殺し合いの場に出ることを停めることはできなかった。万感のこもったまなざしをもって見送るより仕方がなかったのである。

私は「出征兵士を送る歌」の歌詞の挿絵の若妻から、どうも、万感のこもった日本の女のまなざしを感じたらしいのである。その挿絵画家の名前は覚えていない。しかしよほど名のある画家だったのだろう。実際、当時の講談社の雑誌の絵には大変な名画が多かった。

戦争に行く男を見送る女のまなざし――これこそ戦後すっかりなくなったものの第一に数えてよいであろう。当時、婚約者や夫を戦場に送って、二度と再び会う機会を持たなかった婦人たちは、いまでもその男たちの面影を忘れ難く貴《とうと》いものとして胸のなかにしまいこんでいるものらしい。

「あんな立派な男性には二度と会ったことはありません」と言う婦人を二、三人知っているが、もしその男が無事帰って来たら、彼女たちも幻滅したにちがいない。これは客観的に正確に言えば、「あの時のような憧憬をもって男を見ることは、その後二度とありませんでした」となるはずである。

それがさらに特攻隊を見送る立場になった時は、その男のためには何でもしてやろうという気になった女性も少なくなかったはずである。戦争という極限状況において、男はひたすらに勇ましく、女はひたすらに優しくなった。日本の「婦道」と言ったものが、武家社会を中心に生じたことはたしかにもっともなことである。何しろ武士のほうはいつ切腹するか、斬り殺されるかわからないという立場にあったわけだから、それに対する女性の目も、出征する夫を送る若妻の目に近くなっていたはずだ。

商家などでは、『女系家族』などという小説が描いてくれるように、女が男を見る目が、武家や軍人の家庭とはまるで違う。商売はどっちみち生命と関係がないのであるから、それに従事する男を見る女の目にも、万感がこもらないのである。

男の存在形態が「武」に近づくにつれて、女の側もその男を切実な目で見るようになり、その極点においては、「自分は犠牲になってもよい」というところまで行く、ということが認められるような気がする。古代日本の伝承において「武の原理」の権化《ごんげ》とも言うべき日本武尊に、もっとも女性らしい女性が后《きさき》として付き添っていたということは、この点から見てもまことに面白いことである。

弟橘比賣命《おとたちばなひめのみこと》が辞世にこめた思い

日本武尊が相模《さがみ》から安房《あわ》の国に行こうとして、走水《はしりみず》の海をお渡りになった時、そこの渡りの神が浪を立てたので、お乗りになっていた船が揺れ漂《ただよ》って進むことができなくなった。この走水の海というのは、相模国三浦《みうら》郡から、上総《かずさ》に渡る海峡のことで、現代でも浦賀《うらが》には大字《おおあざ》走水という地名が残っているという。

この走水というのは、『日本書紀』によれば、日本武尊が房総半島のほうを望まれて、「これはちっちゃな海だな、立ち走っても渡ることができよう」と言ったところから生じたという。『日本書紀』には地名起源に関する伝説がすこぶる多く、そのどこまでが言語学的に根拠があるのかいちいち首をひねらなければならない。

しかしこの場合重要なのは、海を「ちっちゃいなあ」と侮《あなど》り、「こんな海なら走っても渡れるわい」と簡単に考えて船を出したところ、海の神の怒りに触れて暴風が突如として起こったということである。いやしくも武人たる者が油断すれば、たちまち神の怒りに触れるという教訓であろう。

何はともあれ緊急事態である。するとその時、穂積《ほづみ》氏忍山宿禰《おしやまのすくね》の娘で日本武尊の后であった弟橘比賣命《おとたちばなひめのみこと》がこう申されたのである。

「いま、急に颶風《はやて》が起こり、海は荒れ、この船は沈もうとしております。これはきっと海神が怒っているのでありましょう。私が身代わりになって海に入り、その怒りをやわらげましょう。皇子におかれましては東国平定という大任を首尾よく果たされて、無事に御復命なさいますように」

と言って、菅《すげ》の敷物八枚、皮の敷物八枚、絹の敷物八枚を波の上に敷いてその上に飛び下りられたところ、荒浪も静まって、船は無事に進んだというのである。弟橘比賣命が御入水《じゆすい》なさる時の歌が、

さねさし　相模《さがむ》の小野《をの》に　燃ゆる火の　火中《ほなか》に立ちて　問ひし君はも

であった。これが日本人の辞世のはじめとされるものである。そしてこれが女性によって作られ、しかも愛の歌であるところが目ざましいことと言うべきであろう。

これよりさき、日本武尊が相模国にお入りになった時に、そこの国造《くにのみやつこ》はこの大和朝廷

の軍隊を皆殺しにしようという奸計を立てた。それで詐《いつわ》って「ここの野中には大きな沼がありますが、その沼のなかに住んでいる神はまことに凶暴な神であります」と申し上げた。日本武尊がその神を一つ見てやろうと野中に入ったところ、その国造は野に火をつけて日本武尊を焼き殺そうとしたのである。日本武尊は剣を振って草を刈り、逆に向かい火をつけて敵の火を弱め、その野から抜け出してから、その国造らを一人残らず斬り殺して火をつけて焼いてしまったのであった。

これは焼津《やいづ》の地名の起源となっている有名な話である。これは日本武尊にとってはきわめて危ういところであった。当時のことだから草と言っても人間の背よりも高いぐらいのものであったろう。その火に囲まれた危急の時に、日本武尊は、優しく弟橘比賣命を庇《かば》われて、「大丈夫か、心配するな」と言われたのであった。

この敵に囲まれ、火攻めに遭《あ》いながらも、冷静にそこから抜け出す計画を立てる度胸《どきょう》のある勇士は、同時に、火に囲まれておびえている女性を見返って「大丈夫か」と問うやさしさの持ち主であった。この時の日本武尊の武勇と愛情を弟橘比賣命は忘れることはなかった。それで船が難破しそうになった時に、躊躇《ちゅうちょ》なく進み出、自らを海神の犠牲として日本武尊を救おうとされたのである。

「さねさし（相模の枕詞）相模の小野の野原で、火攻めにされた時、その燃えさかる火のなかに立たれ、御自分にも危険が迫っている時に、私のことをお忘れなさらずに、大丈夫かと御心配くださったわが夫よ」という辞世を残して逆捲《さかま》く荒浪のなかに身を投げられた弟橘比賣命の行為のなかに、最も感動的な女性の姿が見られる。この犠牲的行為が、「義務」ではなくて、「愛情」であったところが、特に胸にひびくのである。

現代の科学的知識から言えば、「小さい海だ」と言われて海の神が怒って嵐を起こすなどと言うことはありえない。たまたま一時的な颶風《はやて》が起こったのであろう。そしてたちまちまた晴天になったものと思われる。安房上総《あわかずさ》を見晴らす品川沖の海に突然起きる颶風の模様については、岡本綺堂《おかもときどう》の『半七捕物帳』（巻の二）の「海坊主」にすぐれた描写がある。これは安政二年の事実に基づいているらしい。

日本武尊の一行が遭遇されたのも、おそらくこうしたものであったろう――というのは現代人の考え方である。大和という盆地から出てこられた人たちは、そんなことは知らないし、時代が時代だから、海神の怒りと信じ、それを鎮めるには犠牲しかない、と思ったのである。

そして火に囲まれた時の夫の男らしい愛情を憶い、自らを犠牲にした婦人がここに現れたのである。昔から日本ではこれを美談として考えてきたし、また翻訳して示せば、どこの国にも通用する感動的な物語であったと思う。

しかしこれは現代にはあまり通用しそうにもなくなった。それはなぜか。

男女差を消滅させた最大の要因

近代科学の人間生活に及ぼした影響というものは、いろいろ数え上げることができるであろうが、その最も目ざましいものは、男女の差を大幅に消滅させたことである。それが特に目ざましいのは「武」の面においてである。

たとえばわれわれは戦国時代に出た女の勇士という話を聞かない。鎌倉時代には巴《ともえ》と板額《はんがく》という男まさりの大力の女がいたという話もあるが、これは多分に眉唾《まゆつば》物である。

巴御前は妊婦の身でありながら木曽義仲《きそのよしなか》について従軍し、琵琶湖畔の粟津《あわづ》のあたりで戦った時は、源氏の武者二人を馬上でひっつかんで殺しているが、源氏の名のある武者二人を動けぬほどぐいっと押さえつけるには、大変な力が要ったであろうが、妊婦がそれで流産しないということはありえない。身重の身で義仲に、最後までついて行った女のことを面白く語ったものであろう。

だからもっと時代の下った戦国の頃になると、さすがにそういった種類の法螺《ほら》話は残らないのである。秀吉は美濃の大垣《おおがき》から賤《しず》ヶ岳《たけ》の戦場まで一気に馬で駆《か》けつけたと講談にある。多少の誇張はあっても、鎧冑《よろいかぶと》をつけて、刀をさして駆けつづけたうえで、白兵戦をやるのである。そういう戦に女が参加するなどということは、空想としても不可能であった。

弱い男や普通の男より強い女は存在もしたであろうし、いまでも存在するが、格闘技を本職とする男と格闘技で戦える女はいない。武士階級というのは格闘技で明け暮れていた男の集団であったのである。「武」は本質的に男のほうによりよく適したものであった。

武士は男であるという当然の伝統は、明治の日本が近代的な軍備を持つに至った時も生き残った。戦争に負けるまで、日本人の三大義務に、兵役・納税・教育があったが、女には兵役がなかったから、男のほうに義務が一つ多かったのである。日清・日露の役から、この前の戦争に至るまで、日本軍は男の筋肉に依存するところがきわめて大きく、女が軍人になることは考えられなかった。戦前の日本の男が威張っていたのも、それに対して女が文句を言わず当然としていたのも、頭の隅に常に「兵役」があったことが、大きな理由の一つである。女はその義務から免《まぬか》れているという感じは、当時の日本人のメンタリティを考えるうえで見落としてはならないことである。

ところが武器の進歩は、男の筋肉の価値を激減せしめた。ミサイルのボタンを押すのに、男と女の区別があるわけはない。誰が押したって同じである。自動小銃を撃つのも、別に男である必要はない。すべての砲撃は計器に頼り、計器を読むのに性別はない。ピストルでも最近のオートマチックは、西部劇時代のように、強い手首を必要としないのである。

何百里も馬に乗らなければならない騎兵はなくなった。よい自動車、あるいはよい戦車に乗ったきゃしゃな女のほうが、悪い自動車や劣質な戦車に乗った大男よりもはるかに強いのである。

現代のウーマン・リブの発想の根柢には、こうした根本的な状況の変化があると思われる。こうなると男と女の差よりも、複雑な計器を使える知能があるかないかの差のほうがずっと重要になってしまうわけだ。つまり現代は頭の時代、あるいは「文」の時代なのであろう。

アメリカでは、陸軍や海軍の将校を育てる学校、つまり旧日本軍の陸士や海兵に相当する学校にも女子を入れている。米国の軍人は二百十万であるが、そのうち九万一千人は女子である。そのうち相当数は医療・看護関係であるが、それでも四千六百人は非医療関係の将校で、准将《じゅんしょう》が二人いる。もっとも歩兵、砲兵その他の戦闘部隊には女子は入っておらず、スタッフ関係が主である。とは言うものの、長距離砲やミサイル部隊などは女子でもよいではないか、という時代は遠くないと思う。昔の砲兵は砲弾を手で詰めこんだが、いまは全部機械なのだから。

米国空軍では、戦闘機や爆撃機にはまだ女性を乗せないが、病人輸送機や気象観測機の女性パイロットの養成ははじめたらしい。一九七六年から、ウエスト・ポイント（陸軍）

は百名、アナポリス（海軍）は八十名、空軍は百名の女性を、将校に養成する目的で入学させる予定だという。この女性たちは軍事教練も受けるのであって、完全武装で泥のなかを行進もしたりすることになっている（本書執筆当時）。

妊娠しても軍隊から退く必要はなく、十カ月の休暇がもらえる。だから男の兵士がおなかの大きい女性士官に敬礼するという珍奇な光景もすでに見られるというし、未婚の女性士官が妊娠しても罰を受けることはない。このようにいままでの通念からはだいぶずれた軍隊が出来上がりつつある。強い軍隊になるかどうかはわからないが、武器次第ではそれほど戦力に影響がないだろうというのが、その背景にあるのである。

実は日本人もこれを思わせるような体験をしたことがあった。それは明治十年の西南の役である。西郷隆盛《さいごうたかもり》を首領としたほうは、士族の子弟であり、官軍の兵士はにわか作りの百姓兵士であった。しかし戦いは官軍が勝ったのである。鉄砲や大砲を持つ百姓上がりの兵士のほうが、日本刀を振りかざす士族軍より強かったということになる。鉄砲のない時代なら、西郷軍の圧勝になったことであろう。

同じことが女の軍隊についても言えることになるだろう。旧式歩兵銃の男の軍隊よりは、新式マシンガンを持った女の軍隊のほうが強いに決まっている。武の原理に、男女差別がなくなりつつあるらしい。

スポック博士が「転向」した理由

男性原理の典型的現れである「武」ですら女が自由に参加できる時代とは、どういうものであるだろうか。「男らしさ」とか「女らしさ」とかの代わりに、「人間らしさ」だけが問題になるのである。最近もウーマン・リブ運動系の女性たちと話し合う機会があったが、その主張を簡単に言えば、やはり「男とか女とか言う前に、人間として」ということであった。そして、それが説得力を持つような客観的な条件が次第に整ってきているように思われる。

しかしここでどうしても忘れてはならないことは、これが機械文明の急速な発達によるものであり、それによってのみ可能であるということである。機械をなしに考えれば、依然として男と女は画然と違うもの、というよりは両極的、相補的なものとして存在しているのである。自然界には昔もいまも抽象的な「人間」はいないのであって、必ず「男の人間」か「女の人間」が存在するだけである。

このように両極的・相補的な男女があるということは、有神論者にとっては神様がそのように作ったということになろうし、無神論者にとっては、進化の帰結ということになるであろう。神が男女を作ったとするならば、その神の意志が尊重されねばなるまい。神は単性繁殖する人間でも作り得たはずであるのに、わざわざ男と女を別にしたことは、「男らしさ」と「女らしさ」を予定したものと言えよう。単なる「人間らしさ」よりもさらに具体的なものが考えられなければならない。

一方、神様を抜きにして、進化論的に考えるならば、男女の発生には、やはり億を以《もっ》て数える年月が必要だったことになる。その何億という時間を経て分化してきたものを、ここ数十年の発明品のために無視するのは自然であろうか、という疑問が起こってくる。

かつて進歩的な育児法を説いた、かのスポック博士も、その後書いた本のなかでは、このことを考慮に入れはじめている。彼は神様を持ち出さないが、人類はじまって以来、女性は子供の世話をし、食事を準備し、着物を作り、夫を慰めたり勇気づけたりしてきたために、家族全員の感情の動きや、必要とするものに気付くようになり、したがって、女性は男性よりも感受性が鋭く、直感がすぐれているというようなことを指摘している。男女の差別を徹底的になくしようという方向に進んでいるアメリカにおいて、スポック博士の反動化（？）は非常に注目を惹く。

スポック博士は一千万部以上も売れた育児書の著者であり、著名な医学者であるから、いわば功成り名遂《と》げた人である。名声においても財産においても欠けるところがない。こういう身分になった老人のなかには、自己満足だけになった保守家もいるだろうが、一方、何ら特別の野心なく、事態を冷静に見、世評を恐れず率直に発言することができるようになる人もあるはずである。

スポック博士は進歩的な育児法を勧めて、いわゆる「スポック時代《エイジ》」を作ったが、その結果を冷静に振り返って見ると、どうも若い男女が幸福になっていないことに気付いたらしいのである。そして突如、保守的な意見を大胆に述べはじめたものらしい。いまのアメリカの男女差別廃止の潮流に反対して、保守反動的な意見を述べることは、これから名声を立てようという人にとっては難しいことかもしれない。しかし功成り名遂げた老人であるスポック博士は、率直に発言しうる立場にあった。

スポック博士のこの著書の冒頭の文句が、その動機をよく示しているようである。

「十五歳の少女が私にこう言った。『私たちは、セックスとは内分泌腺の問題にすぎないということに意見が一致しました』と」

このような「科学的」な男女観がアメリカを支配しているために、アメリカの家庭では、男の子も、女の子も同じように育てる。ゲームも競争も同じである。将来の野心も同じものを持たせようとする。このため、女のほうから男のほうに言い寄るケースが多くなってきている。それやこれやで、アメリカの青年男女の間にはロマンチックな感情が著《いちじる》しく衰退してきているように見受けられるというのが彼の観察である。

男女は相補の原理であり、また相牽《あいひ》く陰陽の原理だったのに、同じように育てようとしたため、相牽くどころか、相反発し、競争し合う相手になってきているという。男と張り合う気持ちから、男のすることなら何でもやろうという女が増加し、彼女らは酒を飲み、大声でわめき、肩をぽんと叩《たた》いたり、猥談をやったりしているというが、これは日本でも最近見受けられることである。

このような傾向は、一口に言って、ユニ・セックスの傾向と言われるが、これによって最も打撃を受けるのは家庭である。先ほどのアメリカの軍人の話だが、陸軍大佐の男と結婚した女性海軍少尉といったような場合、なかなか一緒に住む機会はない。しかし海軍少尉である夫人は、常に夫よりは海軍優先だそうである。ユニ・セックスと言っても、家庭にこもって子供を育てることに専念する男は少ないわけだから、どうしても家庭と子供は二の次となる。

このようにして両親から二義的な価値しか与えられないで育った子供たちがどんなになるかはまったく将来の問題であるが、スポック博士はそこにアメリカの将来の重大な危機を認めているようである。

何しろアメリカは禁酒法まで通したことのある国である。この法律によって、儲《もう》けたのはマフィアなどの地下組織だけだったということがわかって廃止になったが、人類がはじまって以来、ほとんどの文化圏でも神事その他で使われてきた酒類の製造を禁止する法律を通すくらいの国であるから、それと同じく、人類がはじまって以来、相補的であった男女の差を一切なくする法律を通過成立せしめないとも限らない。禁酒法の結果は、強大になったマフィアが残ったぐらいのものであったが、男女差別撤廃法が成立したらどのような結果が残るかはまだ不明である。

イギリス労働党にアングロ・サクソン人が少ない理由

一方、イギリスのほうでは、もっと密やかに男女差別撤廃法が実質的に成立したようである。相当の抜け穴はあるようではあるが、それにしろ大変革であることには違いない。これを推進したのが労働党の急進派と知って、なるほどと思った。

約八十年前にイギリスについて卓抜《たくばつ》な分析をして世界的ベストセラーを書いたエドモン・デュモランによると、イギリスの労働党あるいは社会主義の主唱者の大部分はケルト人であって、アングロ・サクソン人でないという。

彼の分析どおり、最初の頃の労働党で政権についたロイド・ジョージやラムゼイ・マクドナルドは、その名前の示すごとく、前者はウェールズ系ケルト人、後者はスコットランド系ケルト人であった。

重要なのは、何百年間、イギリスの「武」を主として担当してきたのは、ノルマン系貴族とアングロ・サクソン系ヨーマン階級であったことであろう。この「武」と関係あった階級の人には、労働党員は少ない。彼らはイギリス的男性社会を作ってきたのであるが、その彼らは、今度の法律通過で深刻な打撃を受けるであろう。

男女差別撤廃法が、イギリスにどのような影響を与えるかは、相当の時間をかけて見なければならない。これで国力が恢復《かいふく》し、ポンドの価値が上がるとすれば大したものだが、大方の予想はその反対である。

日本ではどうだろうか。山口瞳《やまぐちひとみ》の『江分利満《えぶりまん》氏の華麗な生活』のなかに「三人姉妹」というのがある。ちょうど二十歳になったOLの坂本昭子は江分利に向かって、

「だってねえ、私たち、小学校、中学校、高等学校、ずっと共学でしょう？　だから駄目なのよ」

と言う。「駄目なのよ」というのは、いまの子供たちは共学で同権で、ドライブにもスキーにも一緒に行っているので「馴《な》れっこになっちゃってね、感激がないのよ」ということである。

江分利が、昔の中学生は映画にも行けず、フルーツパーラーに入っても補導され、媾曳《あいびき》という言葉を見るだけでも胸が高鳴ったものであること、しかもそれがいまのデートのように実行可能なものでなく、いわんや女性と旅行などに行ったら放校、勘当《かんどう》ものだった、というようなことを言うと、昭子は「癪《しゃく》だわ、ウラヤマシイ！」と言い、「あたしたちには壁がない……」と言って目に涙を溜めるのである。

私は江分利よりは五歳年下であるから戦前と戦後の気持ちのずれが、もう少しわかるような気がする。戦後になってから、たしかに戦前のように女を見る目に激しい憧憬がこもらなくなってきた。これはたしかなことである。

一方、女性のほうから見た男は、さらにつまらなくなったらしい。出征兵士を送る時のように万感をこめて男を見ることはまったくなくなったと言ってよいかと思う。現在も自衛隊の高級将校をしている人の家族の方が私に言ったことがある。

「敗戦前はお父さんはもっともっと立派でした」と。

これもその当の軍人が立派でなくなったのではなく、それを見る女のほうの目が変わったのが真相だと思う。敗戦前の軍人の妻は、夫をいつ戦場に死にに行くかわからない男として万感こめて見ていたのである。

戦後の自衛隊員は、まずは死ぬことはない。そこの高級将校は要するに高級官僚である。

妻としては万感をこめて見る必要がない。そうして見れば一向に平凡な中年の男がそこにいるだけのことなのである。

日本の自衛隊員が死ぬ恐れのない情況にあることは、日本のために慶賀すべきことであるから、それはそれでよい。しかし男女がお互いを万感をこめることなしに、ただじろじろ見るだけの世の中は、いかにも淫蕩《いんとう》である。さらに男女の違いをなくしようとすれば、むしろ淫蕩な感情の対象が同性に向かいかねない。これではさらに困る。

「さねさし　相模の……」という歌を唱えて投身した弟橘比賣命も、その櫛《くし》を海岸で拾って御陵を作り、また足柄《あしがら》から海を望み「吾妻《あづま》はや」と嘆かれた日本武尊も、鮮烈極まる異性への愛情体験をなされたわけで、現代人の知らない幸いを持ったと言えると思う。

スポック博士は現代の男女に幸福感を取り戻すためには、男女共学を廃止してもよいと言っているが、江分利氏のところの坂本昭子嬢は賛成するであろう。

第12章

なぜ、天照大神《あまてらすおおみかみ》が主神となったのか

――日本民族の文化の継承者としての女性の役割

禁酒法が日本でまったく顧慮されなかった理由

アメリカで流行《はや》るものは何でも日本で流行するということが言われている。たしかにホット・パンツの流行が『タイム』に載《の》れば、翌月や翌週の女性雑誌はこれを紹介し、ホット・パンツは日本の街路でもありふれた風景となる、といった具合である。大学の名前を書いたTシャツの流行も、冬の毛皮の流行も同じことだった。ドライブ・インやスナック・バーやカクテル・パーティなども、われわれはアメリカから学んだことである。黒船以来、日本はなんだかんだでアメリカの真似《まね》をしたことが多い。

ではアメリカで流行したものは何でも流行するか、と言えば簡単にそうとも言えない。日本人は妙なところでこれ以上は真似しないという線を引くところがある。

たとえば古代の日本は大陸文化を崇《あが》めて、宗教も制度も輸入した。それどころか文字まで輸入した。何でも真似みたいなものであるが、全然真似しないところもある。たとえばシナ歴代の朝廷できわめて重要な役割を果たしていた宦官《かんがん》とか、美人の要件であった纏足《てんそく》などは日本に入らなかった。桑原隲蔵《くわばらじつぞう》博士の研究によれば、人肉を飢饉《ききん》でもないのに賞味する習慣も、そのうちに入れてよいらしい。

このように日本人は珍しがりやで外国のことは何でも真似をする、と言われながらも、真似しない部分がある。古代においてもあれほど大陸文化に心酔しながら大陸そっくりにならなかった点を見れば、大陸の王朝と日本の王朝のあり方の根本的な相違が浮き上がるように、アメリカで流行しながら、日本に流行しないものを見れば、かなり深層における彼我《ひが》の相違が浮き上がってくるのではないだろうか。

たとえばアメリカにおける麻薬の流行である。何らかの形で麻薬に手を出したことのあるアメリカの学生は、九八パーセントにも及ぶであろう、などとさえ言われたぐらいであった。ところがこれほど圧倒的な流行も、日本にはほとんど影響力がなかったのは不思議なくらいである。日本の警察が優秀であったということもあろうが、麻薬の流行する下地があまりなかったことが大きい原因であったと思う。アメリカの郊外《サバービア》はシーズン・オフの軽井沢《いざわ》みたいなもので、そんなところに住んでいたら退屈で仕方がなくなる。その退屈をまぎらわすことのできるものなら何だって流行する下地があったのではないか。

麻薬の前は——あるいはその後も——アルコールであった。その弊害が大きいために、正義感に燃ゆる人たちが主唱して禁酒法を成立させてしまった。そしてそれが実に十四年間も続いたのである。日本にもこれを賛美する人たちがなかったわけではない。しかし大きな影響力を持つことはなかった。戦前は酒乱で女房を困らせる男が多く、「娘は酒を飲まない男に嫁にやりたい」という母親が実に多かった。それでも禁酒法は日本の社会にはピンとこなかった。当時はいまよりもアメリカの情報が伝わりにくいとか、そのほかいろいろの理由があったわけであるが、日本人の心のなかに、酒ぐせの悪い人間はいても、酒それ自体が悪いという発想はなかったことが、一番基本的な理由だったのではなかろうかと考える。

当時の日本人はみんな『古事記』の物語を聞かされている。だから須佐之男命が八塩折《やしおを》りの酒を作って八俣遠呂智《やまたのをろち》（八岐大蛇）に飲ませ、これを退治したことも知っていたのであった。そして櫛名田比賣《くしなだひめ》と結婚されて出雲の国がはじまったことになっていることも常識だった。酒がなくては出雲の国ははじまらない。また神武天皇の神話にも、日本武尊の神話にも、酒が出てくる。このように民族の原始記憶の時代にすでに酒が登場しているのだから、これを敵視するという発想法が日本人にはないのが当然である。それに神事に酒がつきものであることは日常の体験であった。

西洋でも元来は酒は悪いものでなかった。キリストはカナの婚礼において、水を葡萄酒に変えたと聖書に書いてあるし、また「最後の晩餐」においても、パンと葡萄酒が用いられている。これを記念して行われるカトリックのミサでは葡萄酒が使われているから、カトリックには酒自体に対する反感はまったくない。ただ飲みすぎるのがよくない、というのである。

しかしアメリカの禁酒法の背景には、当時の反カトリック感情が一枚嚙《か》んでいた。また禁酒措置のとられた北欧諸国も反カトリック感情が強く、第二次大戦後まで、カトリック修道会のあるものは、正式には入国できなかったぐらいである。

つまり「酒」一つに対しても、ミサのような宗教的伝統を維持してきた地域と、伝統離れの強かった一部のプロテスタント地域では、まるで考え方が違う。フランスやイタリアで禁酒法が考えられないのは、そこに葡萄がたくさんあるというだけの理由でなく、神事に酒を使う宗教が人口の大部分を占めているからである。

酒に関しては日本はカトリック地域型の考え方を持っていると言ってよいと思う。神話と神事に結びついているからである。禁酒法に対して国民の大部分が冷淡だったのもそこに根がある。ではアメリカのウーマン・リブはどうであろうか。

アメリカの女性は、なぜ「家庭」を出て働きにいくのか

まずアメリカの生活の経験ある主婦で、しかもちゃんとした家庭を持ったことのある日本の婦人の証言を聞いてみよう。『週刊朝日』(昭和五十一年一月十九日号)は、江崎玲於奈《えさきれおな》氏夫人真佐子《まさこ》さんと広中平祐《ひろなかへいすけ》氏夫人和歌子《わかこ》さんとの対談を載せている。お二人の話で意見が一致しているところは個人の主観以上のものと言ってよいと思うが、それがまた私の個

人的観察と大体において一致している。
お二人ともウーマン・リブ（正しくはウイメンズ・リブ）がアメリカに起こったことは、よくわかるが、日本の婦人が一緒にやったら大きな間違いであるという意見である。その理由の第一は、アメリカの家庭の主婦には、日本人が考えているほどの実権がないからというのである。経済面について、それぞれの体験をお二人は次のように語っている。

江崎　たとえば、留守番をしてくれた人にお金を払いたいと思って、そういうことをよくやっている方にお聞きしたんです。どのくらい払ってるか、って。もちろん奥さんに電話をかけて聞いたんですよ。そうしたら、彼女それを知らないんです。そういう大きなお金は全部ご主人が賄《まかな》っていて自分は知らない、というんですね。

広中　そうね。買いものに行きましてもね。電気洗濯機とかの大きなものを買うときは、私一人ですと、向こうはこっちが真剣に買おうという気はないんだと思うんですね。ダンナが来たら本当だと思って、セールスマンもちゃんと付き合ってくれるんです。

こういう経済的にまったく無能力者の状況に置かれた主婦たちも、昔のように働き場がなかったならば、そういうものとして自己の運命を甘受したであろう。しかし今日では大学教育を受けた主婦も多いわけだし、そういう人たちは自分が結婚さえしていなければ相当の収入を得ることを知っているわけである。だから経済的に幼児並みの境遇に置かれても不満を感じないくらい結婚生活がうまくいっている場合は別だが、そうでもなければ、婦人の経済的な独立を主張するウーマン・リブの主張に耳を傾ける婦人が増えてくるのは当然と言ってよいであろう。同じようなことをスペインの婦人についても言えるということをその方面に詳しい同僚から聞いたことがある。

さらに両夫人がした重要な指摘は、アメリカの女性たちには「落ち着きの場」がないと言うことである。

江崎　……もう一つは、アメリカの社会では、子どもを育てるということが、日本の社会のように大きな問題じゃないんです。私の周りを見てますと、婦人も子どもの母親であるということよりも、ご主人のよきパートナーであることのほうが最低条件になるんです。ですから日本の女性が持っている母親の座というものがないんですね。パートナーだったら簡単に替えることができるでしょう。子どもの母親というのは替えることができませんけど。

そういう意味で、アメリカの女性の占めている座は、外側で日本人が、コートを着せてもらえるからとか、デパートに連れていってもらえるからということで判断していることより、実質的にはしっかりした場がないように思います。
広中　そうですね。夫婦が精神面でうまくいっている間だけは続くけれども、それ以外の、たとえば子どものこと、経済的な事情、それから社会の規制というもので、夫婦でサポートされてないんですね。
江崎　私もそう思います。アメリカの女性はずいぶん努めてますよね。いくつになっても磨いて。ですけど磨いて努めてるわりには、日本の女性が持ってる落ち着きの場が与えられてないですね。

ここで日本の主婦とアメリカの主婦は、どちらが立場が強いか、という点からの問に対して両夫人は次のごとく答える。

江崎　日本の方が強いです。絶対に。
広中　うらやましいですね。
江崎　ほんとうにうらやましいですね。アメリカのほうは実によくやりますけど、そのわりに報いが少ないような気がする。

アメリカの主婦から見ると、日本の主婦は羨《うらやま》しがられるような安定した地位を持っており、その安定の理由は、単なる夫婦間の愛情だけによるものでないことがわかる。日本では夫婦を――特に子供がある場合には――別れさせない社会的な力が働くというわけである。夫婦とは単なる愛人同士ではなく、子供ができて、それを育てるという義務が生ずる関係だ。そんなことはどこの文化圏でも当然のこととされ、そのゆえに、結婚よりは離婚のほうが法律的に難しいのである。

子供があって、それをちゃんと育てるのが親の義務であるという通念が社会に支配的であり、立派に育った子供がその親の名誉とされるところではウーマン・リブは大した問題でありえない。しかし子供を育てる主体が家庭でなく、また立派に子供を育てても親が酬《むく》いられることのない社会においては、真のウーマン・リブが育つであろう。

アメリカでウーマン・リブが急に成長してきたということは、とりもなおさず、夫婦の関係が単なる男女関係になりかかっている人たちの数が増え、子供を育てることを面倒くさがる母親たちが急増してきているということである。家庭というものの価値が疑われなかった時代にあっては、子供を育て、夫の仕事関係の知人を家に招いてパーティをすることが主婦の使命と考えられていた。しかし妻は夫のセックス・パートナーであっても、彼の仕事のうえでの成功の協力者ではなく、子供ができても自分の手では育てたくない、という意見が通るようになれば、それがウーマン・リブの時代ということになる。
ドクターの称号を持つ独身婦人が、ミセスの肩書きを持つ女性に劣等感を持つというようなことは、以前はよくアメリカの小説などで読んだものであったが、近頃は急に変わってきたようである。広中夫人の言葉を引用しよう。

「うちの近所でも、私が引っ越した七、八年前ですと、けっこう女性たちが集まって井戸端会議をしていたことがあるんですよ。だけど、最近はそんなことない。みんな働いてるか、学校に行ってるか、ボランティアをしてるか、何かしてるんです。私どもの住んでいるところは、ダンナの給料だけでも暮らせないことはない層の人が住んでますから、経済的なことよりも、意識的なことですね」

意識的にアメリカの女性たちが家庭離れしているということは、それが「運動」だ、ということである。酒を飲まない人というのは昔からいたわけであるが、「酒を飲むべきでない」とみんなが意識的にはじめたことが禁酒法に連なる運動であった。
七〇年代にマリファナを吸うというのは、エスタブリッシュメントの世界から離れようという若者たちが意識的にしたことであった。だから当時の麻薬は一つの「運動」に連なっている。

　昔から家の外で働く女はいた。特に私の育った地方は、日本で最も女が働くところといわれていた。しかしそれは生活がきびしいので働かざるをえなかったのであって、意識的に目ざめて働きに出たのとはまったく異なっている。しかし現代のアメリカの主婦が働くのは「運動」としての色彩が濃厚である。

ウーマン・リブが日本に根を下ろすための条件

「運動」となれば理論付けが必要で、ウーマン・リブにも理論はいくらでもある。禁酒法にもマリファナにもそれを肯定する理論はあるのだから、ウーマン・リブの場合の理論付けはもっと簡単であろう。そしてその理論はいまや「正義」と同じレベルに到達したようである。

　たとえば子供の教科書や一般図書でも、父親が新聞を読んで、母親が料理しているところを示せば糾弾《きゅうだん》を受けるらしい。家庭における父親と母親の役割を固定したようにして示すのは偏見を子供に持たせるから、というのである。若い者の結婚でも、家事は交替でやるとか、子供も交替で見るとかの契約を結んでいる例が増えているとのことである。アメリカに限らず、スウェーデンでもこの方面では非常に「進んでいる」らしい。主婦で家庭に残って、自分の子供だけ見ているのはエゴイストとか贅沢《ぜいたく》とかいう非難を受けるという話さえ聞く。

さて、こういうウーマン・リブは、アメリカで流行しているから日本でも流行することになるだろうか。それとも、麻薬や禁酒法のように、日本には根を下ろさないでしまうであろうか。江崎、広中両夫人の意見では、日本ではあまり流行しそうには見えない。もちろんこれは日本ではまだ古い家庭制度の名残りがあって、主婦の落ち着きの場が、アメリカよりもはるかに強い力を持って、社会全体によってサポートされているからである。するど、もし家族制度が将来、もっと完全に消えるならば、ウーマン・リブは日本に根を下ろすことになるだろう、ということである。

しかしこの問題はどうも禁酒法と関係ありそうに思えてならないのだ。禁酒の理論は一時的には世論を制して法律となり、十年以上もアメリカでは正義となった。しかしその結果はどうだったかと言えば、弊害のほうが多くてやめざるをえなくなった。マフィアの懐《ふところ》を肥《こ》やしたのはその害の最大なるものの一つである。そしていまはどうなったか、と言えば主婦の間においてすらアルコール依存症が増えるぐらいにアルコールの消費量が増加している。同じく禁酒に熱心だった北欧も、どうやら似たようなケースになっているらしい。

　それに反して、禁酒などという理屈をこねないで、昔ながらに飲んでいたカトリック地域や日本などは、アルコール依存症の激増などということは聞かない。キリスト教が禁酒と結びつくこと自体が理屈のこねすぎである。

　ウーマン・リブも似たようなコースをたどるのではあるまいか。父と母と区別がないような家庭に生まれ、子供を育てることにエネルギーを使うことは正義と平等に反するというような考え方の母親の影響が、長期にわたってよい結果を持つとは考えられないからである。

　しかし禁酒法さえ通過させた国は、男女の差をなくすることを正義とするような法律を通すかもしれない。その理屈はキリスト教と禁酒を結びつけるぐらいおかしいのであるが、やはりアメリカと北欧が熱心なのである。しかし徹底的な男女平等法が通過して、十数年か二十数年か維持されるかもしれない。しかし弊害に耐えかねて廃止することになろう。酒にしろ、夫婦や子供の関係にしろ、伝統的な宗教の根から切り離されると、とんでもないほうに立法が進んでしまうという実例である。では日本ではどうであろうか。

民族の主神が女性であることの意味

日本神話では、主神は天照大神ということになっている。この神は女神であり、伊勢神宮に祀られている。日本に神社がいくつあるか知らないが、伊勢がまったく別格に高い地位にある。昔、小学校の時に天皇陛下がおじぎをされるのは、伊勢神宮と靖國《やすくに》神社だけだと教えられた。靖國神社の場合は軍国少年を育てるための意図があったかもしれないが、ともかくこの二つの神社は特別であるということはよくわかった。

そして今日でも社会的・政治的に問題になるのはこの二つの神社なのである。天皇が靖國神社に参拝するのは憲法違反ではないかとか、首相が伊勢神宮に参拝するのも憲法に違反するというふうに。首相が天満宮《てんまんぐう》におまいりをしても、誰も問題にしないであろう。

この二つの神社が問題になるのは、それが死んでない証拠である。なんだかんだと言いながら、この二つの神社は日本人の意識のなかで活性状態にあるのだ。靖國神社のほうはしばらくおくとして、伊勢神宮は、つまり天照大神は北欧神話の女神フリーエ（この女神を記念して金曜日《フライデー》が作られた）のように、名前だけのものではない。またヴィーナスのように絵画や彫刻や文学のテーマになるだけではない。生きているのであり、いまなおそのために神殿は二十年ごとに新築されているのである。どこの民族がフリーエやヴィーナスのために、国民的な募金運動を起こして、その神殿を建てるであろうか。

このように日本人の意識の奥のなかに生きている天照大神が女神であることは、女性そのものに対する日本人の考え方を微妙に規定していると思うのである。ちょうど、神事に酒が使われ、神話に酒が出ることが、禁酒法の出現する土壌の準備を不可能にしたように。もし日本に仏教のみしかなかったら、戒律上、酒が禁じられてもおかしくないし、徹底した女性蔑視がかえって反動を生むということもありうる。しかし酒が宗教的に容認され、民族の主神が女神であることがまだ何となく意識されているようなところでは、話は別になるであろう。

だいたい、天照大神が主神である、というのはそう簡単に説明されることではない。『古事記』や『日本書紀』は、それより古い神々の名を多く挙げている。男女の別がある最初の神は、伊邪那岐命、伊邪那美命の両神であるが、『古事記』では、女神伊邪那美命はのちに黄泉国《よみのくに》の支配者になったわけであって、国民的崇拝の対象としてはふさわしくない。男神伊邪那岐命が禊《みそぎ》をされた時に天照大神がその左の目からお生まれになったというのだから伊勢神宮の主神は、天照大神の父である伊邪那岐命とされていてもおかしくない。外国の神話ならそうなるところである。なぜ父神でなくその娘神が日本の主神であるのか。その納得のゆく説明を私は聞いたことがないのである。

「元来、日本人は母系制だった」という説明もあまり説得力がない。というのは、その父神の伊邪那岐命についての記述がそれにしては多すぎるからである。娘神を崇めるよりはその父神を崇めるほうがより自然だと思いたくなるような記紀の記述である。

そのような疑問を持って記紀を読み返すと、天照大神が主神となった理由を洞察するためのヒントのようなものがある。それはほかでもない「天照大神を祀っていたのは誰か」ということなのである。

はじめ天照大神は宮廷内に祀られていたようである。それが崇神《すじん》天皇の時に、豊鍬入姫命《とよすきいりひめのみこと》に託して、大和の笠縫邑《かさぬひのむら》に宮廷とは離れた神社を建てて祀ることになった。これが次の垂仁《すいにん》天皇の時になって、天照大神の奉祭役は倭姫命《やまとひめのみこと》に受け継がれることになった。倭姫命は天照大神の恒久的鎮座地を求めて笠縫邑から出発し、宇陀《うだ》から近江・美濃・鈴鹿などを経て最終的に伊勢に到着されたときに、大神のお告げを受けたのである。

「コノ神風ノ伊勢国ハ、常世《トコヨ》ノ浪ノ重浪《シキナミ》帰《ヨ》スル国ナリ。傍国《カタクニ》ノ可怜《ウマ》シ国ナリ。コノ国ニ居ラムト欲《オモ》フ」と。

このようにして伊勢神宮がはじまったわけである。その時期の正確なことは不明であるが、日本に記録が残るようになった時にはすでに存在し、この千数百年間、一種の完成美を持つ木造建築として絶えることなく残ってきている。そしてこの伊勢神宮の起源に関する伝承で注目すべきことは、それが常に皇女の責任において保持されてきたことであろう。

日本民族の文化の継承者としての女性の役割

垂仁天皇のあとを継いだ景行《けいこう》天皇の皇子の日本武尊が東国征伐に行く時も、この伊勢神宮に参拝し、そこを守っている叔母の倭姫命を訪れているのである。この東国遠征には日本武尊は出たくなかったのだった。遠征に次ぐ遠征を命ぜられた日本武尊は、こう言って叔母さんに泣きながら嘆くのである。

「父の景行天皇は、私を憎んで死ねばよいと思っているのではないでしょうか。そうでもなければ、私が西国の熊襲《くまそ》の征伐から帰って、ろくに休む間もないうちに、軍隊もろくに授けないで東国十二道の賊を平定せよなどという無茶な命令をなさるはずはない。これはきっと天皇は私が早く死んでしまえばよいと思っておられるのに違いないからです」と。

これを聞いた倭姫命は、須佐之男命が八岐大蛇《やまたのをろち》を退治した時に、尾から出て来たと伝えられる名剣を取り出されて、日本武尊に授けられたのである。この剣は、大蛇のいた上に常に妖雲がたちこめていたところから天叢雲劔《あめのむらくものつるぎ》とよばれていたもので、出雲建国神話の中心ともなるべき重宝《じゆうほう》中の重宝である。

この剣によって、前に述べたように日本武尊は枯野で敵の火攻めに遭った時に、逆に草を切り払って敵を討滅なさったところから、のちには草薙劔《くさなぎのつるぎ》という名前がつけられ、今日では名古屋の熱田《あつた》神宮に祀られている。

ここで重要なのは、天照大神の祭祀の仕事のみならず、三種の神器まで、この倭姫命という女性の手許に置かれていた、ということである。われわれを驚かせるのは日本の文化的伝承の中核部となるものが全部女性の手許に置かれていた、という正にその事実である。これをさらに逆行させると、天照大神ご自身が、それまでの日本文化の全伝承を保持しておられ、それを子孫、つまり皇室の先祖に伝えられたのではないか、という推測が成り立つ。事実、日本が農業立国であることを教えられ、今日まで皇室において行われている主要な祭儀を伝えられたのは、この天照大神である。

かの有名な天孫降臨の神勅やら、神鏡の奉拝やら、斎庭《ゆには》の穂《いなほ》の神勅やらを言われたのは娘神の天照大神であって、その父神のイザナギノミコトではない。日本は偶像崇拝せず、農業を中心として栄えていこうという文化の根本の伝承者として天照大神を理解しうるのだ。この伝承は、皇女を通じて守られていった様子が、豊鍬入姫命の笠縫邑の神宮や、倭姫命の伊勢神宮から窺《うかが》い知ることができるのである。

男はその祭りに参加し、主宰はするのだが、その保持者・伝承者ではない。それはなぜか、と言えば、初代神武天皇の御一生を見れば大体推察がつく。神武天皇は第四子であって、兄が三人おられた。しかし九州から大和に攻め入るまでに、三人とも途中の苦戦で亡くなっておられるのである。神武東遷が文字どおりの歴史ではないにせよ、天皇の兄が、三人とも遠征の途中で斃《たお》れたという伝承が残っていること自体、大和建国がいかに苦しい戦いの連続のあとに行われたものであるかが想像できる。

四人の皇子のうち三人までも戦陣に没するようなきびしい生存形態の場合、民族の伝承と伝統の保持は女性に委《ゆだ》ねざるをえないであろう。日本人の中心になった人たちがどこからやってきたのかはいまだに定説がない。それこそ一説に言うごとく、中央アジアあたりから長い戦闘旅行を経てついに大和に至ったのかもしれぬ。いずれにせよ根拠地に神社を兼ねた宮廷を作り、そこに皇女を置いて伝承を保持せしめ、男たちは遠征して新しい土地を獲得し、それからそこに呼びよせたものであろう、ということは神武東遷の話が示唆《しさ》するところである。

日本の女は神話の時代から、民族の文化の継承者という役割を持っていた。男たちは常に外界と対峙《たいじ》していなければならない。普通の日本の家庭でも夫婦が男女として対立して家庭の主権を争い合うという形のものではなかった。原則として男は外で働き、家庭内の主権は、「おしゃもじを渡す」という形に象徴的に示されるように、女から女へと受け継がれてきていたのである。そこに日本の女としての安定した座の原型があるわけで、このことをアメリカ生活の長かった江崎、広中両夫人は明確に意識したわけである。

江崎夫人がウーマン・リブが日本に合わないと言ったのは、言葉を換えれば、日本でおしゃもじを持っている人は一種の主権者なので、主権者が自己を解放することはおかしいと言うことなのであろう。子供を育てることを嫌悪しはじめたアメリカの婦人たちよりは、教育ママのほうがまだしも救いがある、というのも、子供の養育こそは、女性が具体的になしうる文化の継承だからである。

あとがき

本書は雑誌『正論』に連載したものをまとめ、『神話からの贈物』として一冊本にして文藝春秋社から昭和五十一年（一九七六年）に出版していただいたものである（九五年にPHP文庫に入る）。当時、四十五歳から四十六歳にかけてのいわば働きざかりの英文科の教師が何で『古事記』のことを書くのか、と不審に思われる読者もおられると思うので、そうなった個人的背景を述べておきたいと思う。

先ず『古事記』については故・佐藤幹二先生に感謝しなければならない。昭和二十四年（一九四九年）と言えば、日本はアメリカ軍の占領下にあり、日本の国体・伝統の解体のための占領政策が進行中であり、公職追放令が猛威をふるっていた時代である。神宮皇学館は閉鎖され、国学院大学でも国学の授業はままならぬ状況であった。そんな時に、佐藤先生はわれわれ学生にこう言われたのであった。

「現在は日本の大学で『古事記』を講読することはできない。しかしこの大学（上智）はアメリカの軍人を教えているので、ＧＨＱ（マッカーサー司令部）から干渉されることはないであろう。だからわれわれは『古事記』を読むことにしよう」と。

当時の上智大学は、アメリカの大学基準協会と協定して、在日アメリカ軍人に夜間講座を開いていた。そしてB.A.とM.A.の称号を与えることができたし、また、ここで取得した単位はアメリカの大学でそのまま認定されることになっていた。そんなわけなので『古事記』を講じてもGHQから文句はこないだろうというのが佐藤先生の御判断、あるいは独断だったのである。佐藤先生はのちに噂で聞いたところによると、神道系の宗派の重要人物とのことであった。学歴は東大卒である。

佐藤先生の国文学の時間は一時限であった。いまの大学の一時限よりは一時間ぐらい早かったし、交通事情は最悪であった。しかもその授業は英文科学生のためであり、授業内容は講義でなく、テキストそのものの講読であった。そのため、学生の出席率は極めて悪く、学生は私一人ということがよくあった（私は学内の学生寮にいたので通学の苦労はなかった）。それで振り返ってみると、昭和二十四年から二十五年にかけて、一時間も休まずに『古事記』講読の授業を受けた日本人はおそらく私一人ではないか、と誇らしく思うようになった。佐藤先生も一回も休講されず、私だけに教えられるということをなさって下さった。しかも講義でなく、一字一句、原文を読んだ体験は貴重であった。

ついで『日本書紀』については故・飯田伝一先生（香浦と号される）に感謝しなければならない。先生は「日本漢学史」の授業をなされたのである。テキストは先生がガリ版で作って下さった。そこで日本の漢文のはじまりとして『日本書紀』の一部を読んだわけである。そして日本の漢文において「中国」という文字が出てきたら、それは「日本」という意味であることを知った。漢文学（近頃は中国学というらしい）の権威と見られている人も『日本書紀』の漢文を読んだことはないのだ、ということをあとで気付かされるような論争をやったこともある。

第三には、ドイツでの指導教授であったカール・シュナイダー先生は、ゲルマン人がキリスト教徒になる前の宗教についての世界的権威であった。そして驚いたことには、ゲルマン人の宗教があまりに日本の神道と似ていて、神道の話を聞かされるような思いがしたことである。

このような学問上の幸運に私は恵まれたことは実に有り難いことであった。それに私は英語の教員免許のほかに、国語・漢文の教師資格を取りたいと思って、それに十分な単位を修得した。国漢の教育実習にはいかなかったので免許状はないが、単位だけはある。それで英語を本職で教えながらも、自分では漢文や日本の古典には親しみ続けて今日に至っている。

本書のなかでも一寸触れたが、日本史についての高名な学者でも、『古事記』や『日本書紀』のテキストをまじめに読んだ形跡がないのに驚いたものである。その後も何人かの高名な日本史学者、万葉学者、漢文学者と論争したり、その著作を検討したりする機会があったが、非常に有名で、一流出版社から本を出し、文化勲章を授与されているような学者でも、「日本の古典は実際には読んでいない」という実感を持たざるをえない場合があまりにも多いのに驚いている。私は専門でないから、専門家たちの論文を読む義理がないので、テキストを読んで、自分の納得のゆく注釈書を参考にしながら、自分なりの考えをまとめるようにしてきているわけである。

本書は三十五年以上も前に書いたもの、つまり一種の「若書《わかが》き」である。しかも月刊誌の締め切りに追われていた。しかし今回、丁寧《ていねい》に読み直してみたが、内容を変える必要のあるところはなかった。読み易くするために、振り仮名を増やしたり表現に一寸手を加えたりしただけである。この本が最初に出た時の週刊誌の書評に、「危険な本だ」という主旨のものがあったことを覚えている。その頃はソ連瓦解《がかい》以前であり、国連を批判したり、憲法を批判したり、南京大虐殺説を批判したりすると、議員や大臣も罷免《ひめん》されたものだった。たった三十数年前の話だが、今昔《こんじゃく》の感に堪《た》えない。その頃に書いたものでいまも変える必要がないのだから、今後も変える必要がないのではないかと自分の「若書き」を読み返した次第である。

平成二十四年七月下浣《かかん》

渡部昇一

渡部昇一（わたなべ・しょういち）

上智大学名誉教授。英語学者。文明批評家。昭和５年（1930年）、山形県鶴岡市生まれ。上智大学大学院修士課程修了後、独ミュンスター大学、英オクスフォード大学に留学。Dr. phil., Dr. phil. h.c.（英語学）。第24回エッセイストクラブ賞、第1回正論大賞受賞。

著書に『英文法史』などの専門書、『文科の時代』『知的生活の方法』『知的余生の方法』『アメリカが畏怖した日本』『「日本の歴史」①～⑦』『読む年表 日本の歴史』『渡部昇一 青春の読書』などの話題作やベストセラーが多数ある。平成29年（2017年）4月17日、逝去。

古事記《こじき》の読《よ》み方《かた》

2019年３月28日　初版発行

著　者　渡部 昇一

発行者　鈴木 隆一

発行所　ワック株式会社
東京都千代田区五番町 4-5　五番町コスモビル　〒102-0076
電話　03-5226-7622
http://web-wac.co.jp/

印刷人　北島 義俊
印刷製本　大日本印刷株式会社

ISBN978-4-89831-794-5